Philipp Lessenich

Basel III

Die neuen Eigenkapital- und Liquiditätsregeln für Banken

Diplomica Verlag GmbH

Lessenich, Philipp: Basel III: Die neuen Eigenkapital- und Liquiditätsregeln für Banken, Hamburg, Diplomica Verlag GmbH 2013

Buch-ISBN: 978-3-8428-9547-8
PDF-eBook-ISBN: 978-3-8428-4547-3
Druck/Herstellung: Diplomica® Verlag GmbH, Hamburg, 2013

Bibliografische Information der Deutschen Nationalbibliothek:
Die Deutsche Nationalbibliothek verzeichnet diese Publikation in der Deutschen Nationalbibliografie; detaillierte bibliografische Daten sind im Internet über http://dnb.d-nb.de abrufbar.

Hermannstal 119k, 22119 Hamburg
http://www.diplomica-verlag.de, Hamburg 2013
Printed in Germany

Inhaltsverzeichnis

Abbildungsverzeichnis

Abkürzungsverzeichnis

a.a.O.	am angegebenen Ort
Abb.	Abbildung
ABS	Asset Backed Securities
Abs.	Absatz
AG	Aktiengesellschaft
AktG	Aktiengesetz
AMA	Advanced Measurement Approach
ARD	Arbeitsgemeinschaft der öffentlich-rechtlichen Rundfunkanstalten der Bundesrepublik Deutschland
AT1	Additional Tier 1 Capital
AVC	Asset Value Correlation
BaFin	Bundesanstalt für Finanzdienstleistungsaufsicht
BdB	Bundesverband deutscher Banken
BIA	Basisindikatoransatz
BIS	Bank for International Settlements
BVR	Bundesverbandes der Deutschen Volksbanken und Raiffeisenbanken
bzw.	beziehungsweise
ca.	cirka
CCP	Central Counterparty
CCR	Counterparty Credit Risk
CDO	Collateralized Debt Obligations
CEBS	Committee of European Banking Supervisors
CET1	Common Equity Tier 1
Coco-Bonds	Contingent Convertible Bonds
CP	Commercial Papers
CRD	Capital Requirements Directive
CRR	Capital Requirements Regulation
CVA	Credit Value Adjustment
d.h.	das heißt
DK	Die Deutsche Kreditwirtschaft
DSGV	Deutsche Sparkassen- und Giroverband
DZ Bank	Deutsche Zentral-Genossenschaftsbank

EAD	Exposure at Default
EBA	European Banking Authority
eG	eingetragene Genossenschaft
EG	Europäische Gemeinschaft
EK	Eigenkapital
etc.	et cetera
EU	Europäische Union
EU-QIS	Auswirkungsstudie für europäische Banken
EWG	Europäische Wirtschaftsgemeinschaft
EWR	Europäischer Wirtschaftsraum
Fed	Federal Reserve Bank
GhoS	Group of Governors of Centralbanks and Heads of Supervisions
GmbH	Gesellschaft mit beschränkter Haftung
G-SIBs	Global Systemically Important Banks
GuV	Gewinn- und Verlustrechnung
HEK	haftendes Eigenkapital
Helaba	Landesbank Hessen-Thüringen
HGB	Handelsgesetzbuch
ICAAP	Internal Capital Adequacy Assessment Process
i. F.	im Folgenden
IFRS	International Financial Reporting Standards
IIF	Institute of International Finance
InsO	Insolvenzordnung
IOSCO	International Organization of Securities Commissions
IRBA	auf internen Ratings basierender Ansatz
KfW	Kreditanstalt für Wiederaufbau
KSA	Kreditrisiko-Standardansatz
KWG	Kreditwesengesetz
LB	Landesbank
LCR	Liquidity Coverage Ratio
LGD	Loss Given Default
LiqV	Liquiditätsverordnung
LR	Leverage Ratio

M	Maturity
MaRisk	Mindestanforderungen für das Risikomanagement
max.	maximal
mind.	mindestens
Mio.	Million(en)
Mrd.	Milliarde(n)
Nr.	Nummer
NSFR	Net Stable Funding Ratio
OECD	Organisation for Economic Co-operation and Development
o.J.	ohne Jahrgang
o.O.	ohne Ort
OTC	Over-the-counter
PD	Probability of Default
QIS	Quantitative Impact Study
RWA	gewichteten Risikoaktiva
S	Size / Seite
S&P	Standard and Poors
SolvV	Solvabilitätsverordnung
SREP	Supervisory Review Evaluation Process
STA	Standardansatz
u. a.	unter anderem
US	United States
USA	United States of America
US GAAP	United States Generally Accepted Accounting Principles
Vgl.	vergleiche
z. B.	zum Beispiel
ZKA	Zentraler Kreditausschuss

1 Einleitung

„Grundlage jeder soliden Geschäftsführung einer Bank ist ein angemessenes haftendes Eigenkapital und eine ausreichende Liquidität.“[1] Dieser einfache und zugleich essenzielle Leitsatz wurde im Vorfeld der im Jahr 2007 einsetzenden Finanz- und Wirtschaftskrise von vielen Banken außer Acht gelassen. In den Bankensektoren zahlreicher Länder hatte sich eine unverhältnismäßig hohe Fremdfinanzierung aufgebaut. Die Eigenkapitalausstattung der Banken war oftmals nicht ausreichend im Verhältnis zu den eingegangenen Risiken. Gleichzeitig offenbarte die Krise erhebliche Qualitätsmängel beim Eigenkapital.[2] Anstelle qualitativ hochwertiger Eigenkapitalbestandteile wurden vermehrt hybride Kapitalinstrumente[3] eingesetzt, die zwar bankaufsichtlich anerkannt wurden, sich in der Praxis jedoch als unwirksam erwiesen.[4] Mangelnde Transparenz bei den Eigenkapitalinstrumenten verhinderte zudem eine angemessene Bewertung der Risiken durch die Marktteilnehmer. Im Ergebnis konnten die aufgelaufenen Verluste von den Banken nicht mehr absorbiert werden. Hinzu kam eine unzureichende Ausstattung der Banken mit Liquidität, die den veränderten Marktbedingungen, insbesondere dem Vertrauensverlust der Banken untereinander, nicht gewachsen war. In der Folge musste die öffentliche Hand durch Liquiditäts- und Kapitalzufuhren sowie „Garantien in noch nie dagewesenem Ausmaß“[5] eingreifen, um die Insolvenz so genannter systemrelevanter Banken und damit einen Zusammenbruch des gesamten Bankensystems zu verhindern.[6]

---

[1] o.V.: Vorwort zu den §§ 10 bis 12, in: Kreditwesengesetz, Kommentar, Reischauer/Kleinhans, 2011, S. 1

[2] Vgl. Basler Ausschuss für Bankenaufsicht: Basel III: Ein globaler Regulierungsrahmen für widerstandsfähigere Banken und Bankensysteme, 2011, S. 1, online unter: http://www.bis.org/publ/bcbs189_de.pdf; Deutsche Bundesbank: Basel III – Leitfaden zu den neuen Eigenkapital- und Liquiditätsregeln für Banken, 2011, S. 7, online unter: http://www.bundesbank.de/download/bankenaufsicht/pdf/basel3_leitfaden.pdf

[3] Hybride Kapitalbestandteile, auch als Mezzanine Kapital bezeichnet, weisen sowohl Eigenkapital- (z. B. Verlustteilnahme) als auch Fremdkapitalmerkmale (z. B. fester Vergütungsanspruch) auf. Unter hybride Kapitalinstrumente fallen beispielsweise stille Beteiligungen, Genussscheine und Wandelanleihen. Vgl. Deutsche Bundesbank, a.a.O., 2011, S. 39

[4] Vgl. Europäische Kommission: Vorschlag für eine Verordnung des Europäischen Parlaments und des Rates über Aufsichtsanforderungen an Kreditinstitute und Wertpapierfirmen Teil 1 (Text von Bedeutung für den EWR), 2011, S. 2, online unter: http://eur-lex.europa.eu/LexUriServ/LexUriServ.do?uri=SPLIT_COM:2011:0452%2801%29:FIN:DE:PDF; Deutsche Bundesbank, a.a.O., 2011, S. 7 f.

[5] Basler Ausschuss für Bankenaufsicht, a.a.O., 2011, S. 2

[6] Vgl. Basler Ausschuss für Bankenaufsicht, a.a.O., 2011, S. 1 f., 9; Heider: Basel II, Banken, Unternehmensfinanzierung und die Schlussfolgerungen aus der Finanzkrise für „Basel III“ – mit Beispielanalyse der Mineralölindustrie –, 2010, S. 234

Basierend auf diesen Erfahrungen beauftragten die G 20[7] Staats- und Regierungschefs den bei der Bank für Internationalen Zahlungsausgleich (Bank for International Settlements, BIS) angesiedelten Basler Ausschuss für Bankenaufsicht[8], die Eigenkapital- und Liquiditätsausstattung der Banken zu verbessern.[9] Der Basler Ausschuss erarbeitete das „umfassende Reformpaket"[10] Basel III, dessen Ausgestaltung und Bedeutung Gegenstand des vorliegenden Werks ist. In diesem soll zum besseren Verständnis von Basel III zunächst auf die Historie der bankaufsichtlichen Regelungen eingegangen werden (Kapitel 2). Angefangen bei den ersten Basler Regelungen von 1988 werden anschließend die derzeit gültigen Vorschriften nach Basel II (2004) vorgestellt. Diese wurden regelmäßig ergänzt, zuletzt 2009 durch ein als erste Reaktion auf die Krise beschlossenes Maßnahmenpaket, das auch als „Basel 2.5" bezeichnet wird.[11] Auf diesen Vorschriften basieren die im dritten Kapitel vorgestellten neuen Empfehlungen des Basler Ausschusses. Diese erhöhen sowohl die Anforderungen an die Qualität als auch an die Quantität des bankaufsichtlichen Eigenkapitals. Ferner werden erstmals international einheitliche quantitative Vorschriften zur Liquidität sowie eine risikounabhängige Höchstverschuldungsgrenze (Leverage Ratio) eingeführt.[12] Im darauf folgenden Kapitel sollen die Auswirkungen der neuen Eigenkapital- und Liquiditätsvorschriften auf Banken und deren mögliche Reaktion auf die geänderten Rahmenbedingungen untersucht werden. Schließlich wird im fünften Kapitel auf die Bedeutung von Basel III für die Kreditnehmer eingegangen. Insbesondere sollen hier Möglichkeiten mittelständischer Unternehmen erörtert werden, die Folgen von Basel III durch eine Verbesserung ihres Ratings abzumildern. Abschließend soll eine kritische Bewertung vorgenommen werden, inwieweit die mit Basel III verfolgten Ziele realistisch erscheinen und welche Problembereiche auch mit Basel III fortbestehen.

---

[7] Gruppe der zwanzig wichtigsten Industrie- und Schwellenländer

[8] Im Basler Ausschuss sind Repräsentanten der Zentralbanken und der Aufsichtsbehörden folgender Länder vertreten: Argentinien, Australien, Belgien, Brasilien, China, Deutschland, Frankreich, Hongkong, Indien, Indonesien, Italien, Japan, Kanada, Korea, Luxemburg, Mexiko, die Niederlande, Russland, Saudi-Arabien, Schweden, die Schweiz, Singapur, Spanien, Südafrika, die Türkei, die USA und das Vereinigte Königreich. Vgl. Bank für Internationalen Zahlungsausgleich, Basler Ausschuss für Bankenaufsicht: Gruppe der Zentralbankpräsidenten und Leiter der Bankenaufsichtsinstanzen erzielt grundsätzliche Einigung über das Reformpaket des Basler Ausschusses zu Eigenkapital und Liquidität, Pressemitteilung vom 26.07.2010, S. 2, online unter: http://www.bis.org/press/p100726_de.pdf

[9] Deutsche Bundesbank, a.a.O., 2011, S. 3

[10] Basler Ausschuss für Bankenaufsicht, a.a.O., 2011, S. 1

[11] Vgl. Deutsche Bundesbank, a.a.O., 2011, S. 5, 21. Das Maßnahmenpaket „Basel 2.5" enthält im Wesentlichen höhere Kapitalanforderungen in den Bereichen Verbriefungsgeschäft und Handelsbuchforderungen für Banken mit internen Marktrisikomodellen sowie verschärfte Offenlegungsanforderungen. Es wird im Rahmen des vorliegenden Werks nur am Rande behandelt.

[12] Vgl. Basler Ausschuss für Bankenaufsicht, a.a.O., 2011, S. 2

Die Begriffe Bank und Kreditinstitut werden in diesem Werk synonym verwendet. Abzugrenzen ist das bankaufsichtliche vom bilanziellen Eigenkapital. Während letzteres „von den Zielen der Rechnungslegung geprägt ist“[13] beschreibt das bankaufsichtliche Eigenkapital letztlich „eine im Insolvenzfall zur Verfügung stehende Haftungsmasse“[14]. Seit 1993 haben sich die bis dahin im Wesentlichen entsprechenden Eigenkapitalbegriffe infolge mehrfacher Novellierungen des Gesetzes über das Kreditwesen (Kreditwesengesetz, KWG) voneinander entfernt.[15] In dem vorliegenden Werk wird der Begriff Eigenkapital, sofern nicht näher bezeichnet, als Eigenkapital im bankaufsichtlichen Sinne verwendet.

Zur vereinfachten Lesbarkeit wird die männliche Form in diesem Werk als Platzhalter für beide Geschlechter eingesetzt.

---

[13] Boos/Fischer/Schulte-Mattler: Kreditwesengesetz, Kommentar, 2008, S. 289

[14] Ebenda, S. 289

[15] Vgl. Boos/Fischer/Schulte-Mattler, a.a.O., S. 290; Wolf: Die Eigenmittelkonzeption des § 10 KWG, Hochschule für Bankwirtschaft, 2000, S. 5 ff., online unter: www.frankfurt-school.de/dms/Arbeitsberichte/Arbeits20.pdf

2 Historie der Eigenkapital- und Liquiditätsregeln

2.1 Eigenkapitalregeln vor Basel III

2.1.1 Die Welt vor Basel

In Deutschland wurde die erste allgemeine Bankenaufsicht für Geschäftsbanken im September des Jahres 1931 mit einer auf der Weimarer Reichsverfassung gestützten Notverordnung des Reichspräsidenten über Aktienrecht, Bankenaufsicht[16] und Steueramnestie eingeführt. Diese Notverordnung war eine Reaktion der Reichsregierung auf die durch den **Zusammenbruch der Darmstädter und Nationalbank (Danat-Bank) am 31.07.1931** ausgelöste allgemeine Bankenkrise. Gründe für die Bankenkrise waren schon damals neben einer hohen Auslandsverschuldung des Deutschen Reiches als Folge des Ersten Weltkriegs, der Inflation von 1932 und Krisen gewerblicher Großunternehmer eine **unzureichende Eigenkapitalausstattung** und eine **verfehlte Liquiditäts- und Anlagepolitik** der Banken. Mit dem für grundsätzlich alle Kreditinstitute geltenden Reichsgesetz über das Kreditwesen vom 05.12.1934 wurden die Grundlagen für das noch heute geltende Bankaufsichtsrecht geschaffen, so unter anderem Regelungen zum Eigenkapital, zur Liquidität und zum Kreditgeschäft. Nach einer Novellierung durch das Gesetz über das Kreditwesen im Jahr 1939 wurde schließlich 1961 das bis heute geltende KWG erlassen. Die Eigenkapitalbestimmungen dieser Gesetze stellten allgemein gehaltene Rahmenvorschriften dar, die durch entsprechende Grundsätze der Bankenaufsicht zu konkretisieren waren.[17] Eine solche Konkretisierung wurde jedoch erst ab 1961 vorgenommen. Aufgrund der „Verschiedenartigkeit des deutschen Kreditwesens“[18] wurden hierbei auf starre Mindestanforderungen an die Angemessenheit des Eigenkapitals verzichtet. Vielmehr stellten die aufgestellten „Grundsätze für das Eigenkapital und die Liquidität“ eine Bemessungsgrundlage für den Regelfall dar.[19] Nach dem **Zusammenbruch des Bankhauses Herstatt im Jahr 1974** und den damit zusammenhängenden Krisenfällen wurde seitens einer von der Bundesregierung

[16] Geschäftsbanken, die bereits einer besonderen Aufsicht unterstanden, wie beispielsweise Sparkassen und Hypothekenbanken, wurden von der Verordnung nicht erfasst.
[17] Vgl. Boos/Fischer/Schulte-Mattler, a.a.O., S. 4 ff.
[18] o.V.: Vorwort zu den §§ 10 bis 12, in: Kreditwesengesetz, Kommentar, Reischauer/Kleinhans, 2011, S. 1
[19] Vgl. o.V.: Vorwort zu den §§ 10 bis 12, in: Kreditwesengesetz, Kommentar, Reischauer/Kleinhans, 2011, S. 1

gebildeten Bankenstrukturkommission eine striktere Definition des Eigenkapitalbegriffes und eine Verschärfung der am Eigenkapital bemessenen Anlagebeschränkungen vorgeschlagen.[20] Unter anderem wurde gefordert, „dass nur solche Elemente als Eigenkapital geeignet seien, die effektiv eingezahlt sind, dem Kreditinstitut dauerhaft zur Verfügung stehen und am laufenden Verlust teilnehmen."[21] Die Vorschläge der Bankenstrukturkommission fanden ihre Berücksichtigung in den späteren Richtlinienvorgaben der Europäischen Kommission unter anderem zu Eigenkapital und Solvabilität. Ein solcher erster einheitlicher Standard für bankaufsichtliche Bestimmungen in der EU wurde von der Europäischen Kommission 1977 mit der ersten Bankrechtskoordinierungsrichtlinie[22] gesetzt.[23] Es folgten weitere EG-Richtlinien und damit verbundene KWG-Novellen. Eine **vorgegebene Eigenkapitalquote**, die die Mindesthöhe des Eigenkapitals in Relation zum eingegangenen Risiko festlegte, gab es jedoch erst mit **Basel I.**[24] Mit Umsetzung der Empfehlungen des Basler Ausschusses in deutsches Recht wurde zudem „der bisherige ‚deutsche' Eigenkapitalbegriff grundsätzlich umgestaltet."[25] Die Änderungen durch Basel I sollen im folgenden Kapitel näher betrachtet werden.

2.1.2 Basel I

1988 wurden vom Basler Ausschuss die so genannten Basler Eigenkapitalempfehlungen (Basel I) verabschiedet.[26] Grundsätzlich richten sich die Empfehlungen des Basler Ausschusses an international tätige Banken. Durch die Umsetzung in europäisches und nationales Recht wurden und werden aus den Empfehlungen für international tätige Banken jedoch verbindliche Regelungen für sämtliche Kreditinstitute.[27] Die Umsetzung von Basel I in europäisches Recht erfolgte mit der zweiten Bankrechtskoordinierungs-

---

[20] Vgl. Boos/Fischer/Schulte-Mattler, a.a.O., S. 9
[21] Ebenda, S. 295
[22] Erste Richtlinie 77/780/EWG des Rates vom 12.12.1977 zur Koordinierung der Rechts- und Verwaltungsvorschriften über die Aufnahme und Ausübung der Tätigkeit der Kreditinstitute
[23] Vgl. Boos/Fischer/Schulte-Mattler, a.a.O., S. 10
[24] Vgl. Basler Ausschuss für Bankenaufsicht: Internationale Konvergenz der Eigenkapitalmessung und Eigenkapitalanforderungen, 1988, S. 2, online unter: http://www.bis.org/publ/bcbsc111de.pdf
[25] Boos/Fischer/Schulte-Mattler, a.a.O., S. 295
[26] Vgl. ebenda, S. 287
[27] Vgl. Schmitt: Umsetzung von Basel III in europäisches Recht – Implikationen für die Mittelstandsfinanzierung (Update zu BB 2011, 105), in: Betriebs-Berater, Zeitschrift für Recht, Steuern und Wirtschaft, 2011, S. 2348; Becker/Gaulke/Wolf: Vorwort der Herausgeber, in: Praktiker-Handbuch Basel II, Becker/Gaulke/Wolf, 2005, S. VII

richtlinie[28] sowie der EG-Eigenmittel-Richtlinie[29]. Mit der vierten KWG-Novelle 1993 wurden schließlich die Vorschläge des Basler Ausschusses in deutsches Recht überführt.[30] Die Angemessenheit der Eigenmittel wurde durch eine „ ‚rechtsnormkomplettierende' Verwaltungsvorschrift"[31], dem so genannten **Grundsatz I**, konkretisiert.

Mit Basel I sollten zum einen die „Bonität und Stabilität des internationalen Bankensystems"[32] gestärkt und zum anderen Wettbewerbsverzerrungen reduziert werden.[33] Zu diesem Zweck sah Basel I eine **Mindesteigenkapitalausstattung der Banken in Höhe von 8%**[34] der risikogewichteten Aktiva vor. Mit dieser Kennziffer sollten Kreditrisiken, aber auch andere Risiken abgedeckt werden.[35] Die Unterlegung mit Eigenkapital sollte einerseits die Geschäfte der Banken begrenzen und andererseits ausreichende Mittel für die Übernahme von Verlusten sicherstellen.[36] ‚Risikogewichtete Aktiva' bedeutet, dass bilanzielle Forderungen zunächst mit einem speziellen Prozentsatz gewichtet werden und hiervon 8% mit Eigenkapital zu unterlegen sind:

Kreditsumme * Prozentsatz der Risikoklasse * 8% = Eigenkapitalunterlegung

Der Prozentsatz der vier unterschiedlichen Risikoklassen wurde auf 0% (beispielsweise für Kredite an OECD[37]-Staaten), 20% (u. a. für Kredite an Banken mit Sitz in den OECD-Staaten), 50% (für grundpfandrechtlich gesicherte Realkredite) und 100% (für alle anderen Kredite, z. B. Unternehmensfinanzierungen) festgelegt.[38]

---

[28] Zweite Richtlinie 89/646/EWG des Rates vom 15.12.1989 zur Koordinierung der Rechts- und Verwaltungsvorschriften über die Aufnahme und Ausübung der Tätigkeit der Kreditinstitute und zur Änderung der Richtlinie 77/780/EWG

[29] Richtlinie 89/299/EWG des Rates vom 17.04.1989 über die Eigenmittel von Kreditinstituten

[30] Vgl. Boos/Fischer/Schulte-Mattler, a.a.O., S. 295; BaFin: http://www.bafin.de/DE/BaFin/Grundlagen/Geschichte/geschichte__node.html?__nnn=true, Abruf am 01.03.2012

[31] Boos/Fischer/Schulte-Mattler, a.a.O., S. 288

[32] Basler Ausschuss für Bankenaufsicht, a.a.O., 1988, S. 1

[33] Vgl. ebenda, S. 1

[34] Eine Begründung, warum eine Unterlegung von genau 8% angemessen ist wurde seitens der Bankenaufsicht bis heute nicht gegeben. Vgl. Schulte-Mattler/Manns: CRD-IV-Regulierungspaket zur Stärkung der Widerstandsfähigkeit des Bankensektors – Europäische Umsetzung des Basel-III-Rahmenwerkes im Entwurf –, in: Wertpapiermitteilungen, Zeitschrift für Wirtschafts- und Bankrecht, 2011, S. 2072

[35] Vgl. Basler Ausschuss für Bankenaufsicht, a.a.O., 1988, S. 2, 10

[36] Vgl. Bundesverband deutscher Banken e.V.: ttp://www.bankenverband.de/themen/fachinformationen/mittelstandspolitik/welche-auswirkungen-hat-basel-iii-auf-den-mittelstand, Abruf am 08.03.2012

[37] Organisation for Economic Co-operation and Development

[38] Vgl. Franke: http://www.kredit-und-finanzen.de/basel-2/basel-1.html, Abruf am 07.03.2012; Basler Ausschuss für Bankenaufsicht, a.a.O., 1988, S. 14 f.

Beispiel für einen Unternehmenskredit in Höhe von 1 Mio. €
Eigenkapitalunterlegung = 1.000.000 * 100% * 8% = 80.000 €

Die starre Zuordnung zu den vier Risikoklassen hatte zur Folge, dass beispielsweise Forderungen gegen Unternehmen mit einem Rating von AAA[39] genauso mit 8% der gesamten Kreditsumme zu unterlegen waren, wie Forderungen gegen Unternehmen mit einem Rating im so genannten Non-Investment Grade[40]. Griechische Staatsanleihen[41] waren hingegen nach dieser Systematik aufgrund der besten Risikoklasse mit 0% zu gewichten und damit nicht mit Eigenkapital zu unterlegen.

Neben der Festlegung auf 8% wurde mit Basel I das **haftende Eigenkapital** grundlegend neu definiert. Es wurde nunmehr zwischen **Kern-** und **Ergänzungskapital** und innerhalb des Ergänzungskapitals zwischen Ergänzungskapital erster und zweiter Klasse unterschieden. Außerdem wurde festgelegt, dass bei der Berechnung des haftenden Eigenkapitals das Ergänzungskapital maximal bis zur Höhe des Kernkapitals angerechnet werden darf und mindestens zur Hälfte aus Ergänzungskapital erster Klasse bestehen muss.[42] Diese Beschränkungen tragen der abnehmenden Qualität der Eigenkapitalbestandteile Rechnung. Während Kernkapital (Tier 1 Capital) „unbefristet zur Verfügung steht und nicht auf Initiative des Gläubigers zurückgezahlt werden darf"[43], können im Ergänzungskapital (Tier 2 Capital) beispielsweise auch längerfristige Nachrangverbindlichkeiten[44] angerechnet werden.[45] Die folgende Übersicht soll die Zusammensetzung des haftenden Eigenkapitals veranschaulichen:

---

[39] AAA bedeutet das beste Rating einer externen Ratingagentur. Ratingskalen der Agenturen Fitch, Moody's und Standard and Poors (S&P) befinden sich im Anhang (Anlage 1).

[40] Non-Investment Grade (Spekulationsklasse) bezeichnet Ratings von BB+ und schlechter.

[41] Griechenland ist Gründungsmitglied der OECD. Vgl. OECD: http://www.oecd.org/pages/0,3417,en_36734052_36761800_1_1_1_1_1,00.html, Abruf am 07.03.2012

[42] Vgl. Boos/Fischer/Schulte-Mattler, a.a.O., S. 288

[43] Ebenda, S. 299

[44] Nachrangverbindlichkeiten werden im Insolvenzfall erst nach Befriedigung aller vorrangigen Gläubiger bedient. Vgl. Deutsche Bundesbank, a.a.O., 2011, S. 40

[45] Eine Übersicht über die Eigenkapitalkomponenten im Einzelnen und deren historische Entwicklung befindet sich im Anhang (Anlage 2).

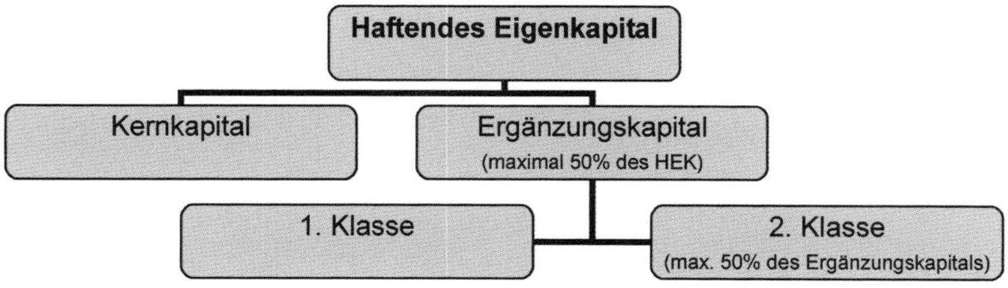

Abb. 1: Systematik des haftenden Eigenkapitals

Quelle: eigene Darstellung

Angesichts der starken Ausweitung des Derivate- und Handelsgeschäfts der Banken veröffentlichte der Basler Ausschuss 1996 Empfehlungen zur Messung und Unterlegung der **Marktrisiken**. Diese Ergänzung zu Basel I wurde mit der sechsten KWG-Novelle 1998, mit der die europäische Kapitaladäquanzrichtlinie[46] umgesetzt wurde, in deutsches Recht überführt.[47] Unter dem Markt- oder Marktpreisrisiko wird „das Risiko von Verlusten, die der Bank aufgrund von Veränderungen der Marktvariablen entstehen“ [48], verstanden. Nach den Empfehlungen des Basler Ausschusses müssen Zinsänderungs- und Kursrisiken im Handelsbestand sowie Fremdwährungs- und Rohstoffrisiken der gesamten Bank berücksichtigt werden. Zur Unterlegung der Risiken wurde zum einen ein Standard-Messverfahren mit Quoten für die Unterlegung des spezifischen Risikos und des allgemeinen Marktrisikos vorgegeben.[49] Alternativ hierzu konnten bei Vorlage einer Genehmigung durch die zuständige Aufsichtsbehörde erstmals auch bankinterne Modelle verwendet werden.[50] Mit den Anforderungen zur Unterlegung der Marktrisiken wurden Kern- und Ergänzungskapital um die so genannten **Drittrangmittel** (Tier 3 Capital) ergänzt.[51] Als solche können bis zu einem bestimmten Anrech-

[46] Richtlinie 93/6/EWG des Rates vom 15.03.1993 über die angemessene Eigenkapitalausstattung von Wertpapierfirmen und Kreditinstituten

[47] Vgl. Wolf: Basel II – ein Überblick, in: Praktiker-Handbuch Basel II, Becker/Gaulke/Wolf, 2005, S. 6; Boos/Fischer/Schulte-Mattler, a.a.O., S. 288

[48] Althof: Glossar, in: Praktiker-Handbuch Basel II, Becker, Axel/Gaulke, Markus/Wolf, Martin, 2005, S. 616

[49] Auf eine detaillierte Beschreibung des Standard-Messverfahrens wird an dieser Stelle verzichtet.

[50] Vgl. Basler Ausschuss für Bankenaufsicht: Änderung der Eigenkapitalvereinbarung zur Einbeziehung der Marktrisiken, 1996, S. 1, 10 ff., 40, online unter: http://www.bis.org/publ/bcbs24ade.pdf

[51] Vgl. Boos/Fischer/Schulte-Mattler, a.a.O., S. 288

nungsbetrag[52] Nettogewinne aus der fiktiven Glattstellung des Handelsbuches und kurzfristige nachrangige Verbindlichkeiten berücksichtigt werden.[53] Aufgrund des kurzfristigen Charakters der Drittrangmittel dürfen diese jedoch nur zur Unterlegung von Marktpreisrisiken verwendet werden.[54] Die Drittrangmittel bilden zusammen mit dem haftenden Eigenkapital die Eigenmittel:[55]

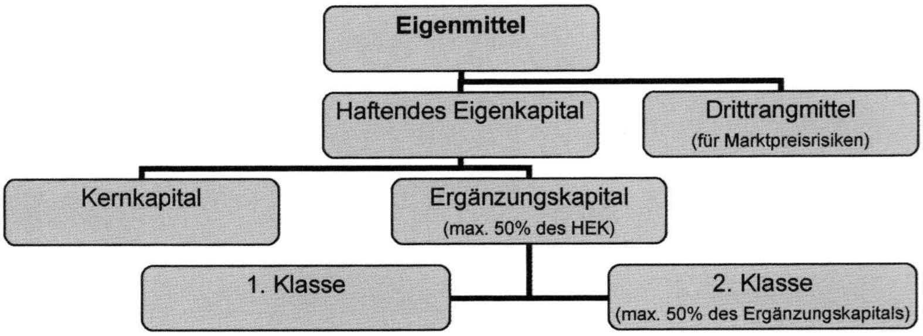

Abb. 2: Systematik der Eigenmittel

Quelle: eigene Darstellung

Bei der Berechnung der Eigenkapitalbasis wurden vom Basler Ausschuss **Abzugs- und Korrekturposten** festgelegt. Abzugsposten kommen bei Bilanzaktiva zum Einsatz, „deren Werthaltigkeit bzw. Veräußerbarkeit in einer Krisensituation fragwürdig erscheint und die deshalb vom Kapital abzuziehen sind“[56]. Beispiele für Abzugsposten sind der Goodwill[57], immaterielle Vermögensgegenstände sowie Beteiligungen innerhalb des Finanzsektors, die in der Bilanz nicht konsolidiert werden. Korrekturposten dienen der „Neutralisierung bankaufsichtlich unerwünschter oder als nicht sachgerecht erachteter Effekte der Rechnungslegungsvorschriften“[58]. Insbesondere hat die nationale

[52] Zusammen mit dem freien Ergänzungskapital maximal 250% des freien Kernkapitals. „Frei“ bedeutet in diesem Zusammenhang „nicht zur Unterlegung der Risiken benötigt“. Vgl. § 10 (2c) S. 2 KWG in der Fassung vom 28.10.1997

[53] Vgl. Boos/Fischer/Schulte-Mattler, a.a.O., S. 325; Deutsche Bundesbank: Der neue Grundsatz I, in: Monatsbericht Mai 1998, S. 75, online unter: http://www.bundesbank.de/download/bankenaufsicht/pdf/neugrdsi.pdf

[54] Vgl. Deutsche Bundesbank, a.a.O., 1998, S. 69; Basler Ausschuss für Bankenaufsicht, a.a.O., 1996, S. 8 f.

[55] Vgl. § 10 Abs. 2 KWG in der Fassung vom 28.10.1997

[56] Deutsche Bundesbank, a.a.O., 2011, S. 39

[57] Firmenwert. Vgl. ebenda, S. 39

[58] Ebenda, S. 39

Aufsichtsbehörde die Möglichkeit, noch nicht bilanzwirksame Verluste durch einen Korrekturposten bei der Berechnung der Eigenmittel zu berücksichtigen.[59]

Bereits Mitte der neunziger Jahre sind die Regelungen nach Basel I in die Kritik geraten.[60] Bemängelt wurde die Unterscheidung in nur vier Risikoklassen sowie die fehlende Berücksichtigung der Bonität des Schuldners.[61] So war der Hauptkritikpunkt die „von Seiten der Aufsicht vorgegebene, wenig differenzierende Berechnung der Kapitalanforderungen auf Kreditrisiken, mit der das tatsächliche Risiko oft nur unzureichend abgebildet wird".[62] Durch die pauschale Unterlegung mit Eigenkapital kam es zu einer „Quersubventionierung von Krediten"[63]. Weniger riskante Kredite mussten demnach mit vergleichsweise viel Eigenkapital unterlegt werden, um die zu geringe Unterlegung von riskanteren Krediten zu kompensieren. Schließlich wurde die alleinige Ausrichtung der Eigenkapitalanforderungen an Kredit- und Marktpreisrisiken kritisiert.[64] Die Schwächen von Basel I sollten durch die Verabschiedung von Basel II behoben werden.

2.1.3 Basel II

Im Juni 2004 leitete der Basler Ausschuss für Bankenaufsicht mit seinen neuen Eigenkapitalempfehlungen, der Rahmenvereinbarung „Internationale Konvergenz der Kapitalmessung und Eigenkapitalanforderungen" (Basel II), eine neue Ära ein. Basel II steht für **risikoorientierte quantitative** und **qualitative Regelungen**, die neue Entwicklungen an den Finanzmärkten und im Risikomanagement der Institute stärker berücksichtigen.[65] Die Umsetzung von Basel II in europäisches Recht erfolgte mit der

---

[59] Vgl. Basler Ausschuss für Bankenaufsicht, a.a.O., 1988, S. 5, 11; Deutsche Bundesbank, a.a.O., 2011, S. 39

[60] Vgl. Deutsche Bundesbank: Neue Eigenkapitalanforderungen für Kreditinstitute (Basel II), in: Monatsbericht September 2004, S. 76, online unter: http://www.bundesbank.de/download/volkswirtschaft/monatsberichte/2004/200409mb_bbk.pdf

[61] Vgl. Franke: http://www.kredit-und-finanzen.de/basel-2/basel-1.html, Abruf am 07.03.2012; o.V.: One Basel leads to another, in: The Economist, 18.05.2006, online unter http://www.economist.com/node/6908488/print?story_id=6908488

[62] Deutsche Bundesbank, a.a.O., 2004, S. 76

[63] Franke: http://www.kredit-und-finanzen.de/basel-2/basel-1.html, Abruf am 07.03.2012

[64] Vgl. Deutsche Bundesbank, a.a.O., 2004, S. 76

[65] Vgl. ebenda, S. 75

Neufassung der Bankenrichtlinie[66] sowie der Kapitaladäquanzrichtlinie[67], die gemeinsam als **Capital Requirements Directive (CRD)** bezeichnet wurden und die früheren EU-Richtlinien ersetzten.[68] In Deutschland wurden die Neuerungen 2006 durch Änderung des KWG in nationales Recht überführt. Die technischen Details zu den Eigenkapitalanforderungen wurden in der Solvabilitätsverordnung (SolvV, Nachfolger von Grundsatz I) umgesetzt. Auf untergesetzlicher Ebene wurden mit den von der Bundesanstalt für Finanzdienstleistungsaufsicht (BaFin) erlassenen Mindestanforderungen für das Risikomanagement (MaRisk)[69] die qualitativen Vorgaben von Basel II konkretisiert.[70]

Der Aufbau von Basel II folgt mit den Schwerpunkten Mindestkapitalanforderungen, aufsichtlicher Überprüfungsprozess und Offenlegung einem Drei-Säulen-Ansatz.[71]

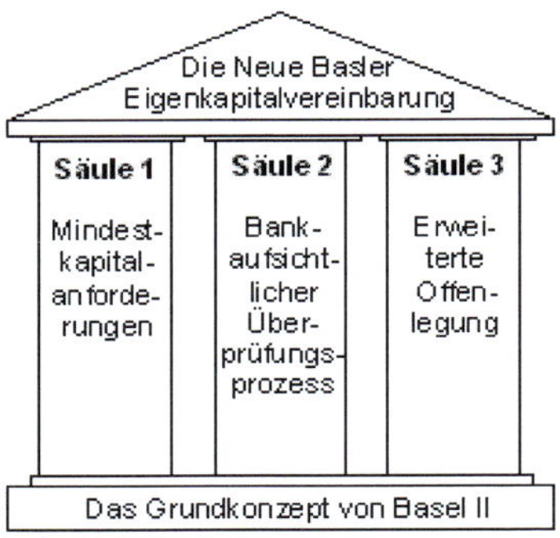

Abb. 3: Die drei Säulen von Basel II

Quelle: Deutsche Bundesbank: http://www.bundesbank.de/bankenaufsicht/bankenaufsicht_basel.php, Abruf am 05.03.2012

[66] Richtlinie 2006/48/EG des Europäischen Parlaments und des Rates vom 14.06.2006 über die Aufnahme und Ausübung der Tätigkeit der Kreditinstitute

[67] Richtlinie 2006/49/EG des Europäischen Parlaments und des Rates vom 14.06.2006 über die angemessene Eigenkapitalausstattung von Wertpapierfirmen und Kreditinstituten

[68] Vgl. Boos/Fischer/Schulte-Mattler, a.a.O., S. 12

[69] BaFin: Rundschreiben 11/2010 (BA) – Mindestanforderungen an das Risikomanagement – MaRisk, 2010, online unter: http://www.bafin.de/cln_161/nn_721290/SharedDocs/Veroeffentlichungen/DE/Service/Rundschreiben/2010/rs__1011__ba__marisk.html?__nnn=true

[70] Vgl. Hannemann/Schneider: Mindestanforderungen an das Risikomanagement (MaRisk), 2011, S. 6 ff.

[71] Vgl. Basler Ausschuss für Bankenaufsicht: Internationale Konvergenz der Eigenkapitalmessung und Eigenkapitalanforderungen, 2006, S. 2, online unter: http://www.bis.org/publ/bcbs128ger.pdf

Die einzelnen Säulen sollen in den folgenden Unterabschnitten vorgestellt werden. Im Rahmen des vorliegenden Werks ist insbesondere die erste Säule mit den quantitativen Anforderungen an das Eigenkapital der Banken von Interesse. Die bestehenden Regelungen nach Basel II werden durch die neuen Regelungen nach Basel III nicht vollständig abgelöst. Vielmehr ist Basel III als Modifikation und Ergänzung der Regeln nach Basel II zu verstehen.[72]

2.1.3.1 Quantitative Anforderungen nach Säule 1

In der ersten Säule werden risikosensitive Mindesteigenkapitalanforderungen für das Kreditrisiko, das Marktrisiko und erstmals auch für das operationelle Risiko gestellt.[73] Für die Erfassung dieser Risiken können Kreditinstitute zwischen standardisierten Erfassungskonzepten und bankeigenen Modellen wählen. Letztere sind im Vergleich zu den Standardansätzen zwar aufwändiger, aber auch präziser und können damit das Eigenkapital entlasten.[74] Im Folgenden sollen insbesondere die veränderten Anforderungen für die Unterlegung des Kreditrisikos beschrieben werden.

Das **Kreditrisiko** (Adressrisiko) ist „das Risiko von Verlusten infolge des Ausfalls eines Geschäftspartners, der seinen vertraglich zugesicherten Zahlungsverpflichtungen nicht mehr nachkommt"[75]. Zur Berechnung der risikogewichteten Forderungsbeträge können Institute zwischen dem Standardansatz (Kreditrisiko-Standardansatz, KSA) und dem auf internen Ratings basierenden Ansatz (IRBA) wählen. Bei Anwendung des **KSA** können Banken Ratings von externen Ratingagenturen nutzen, sofern diese von der zuständigen nationalen Aufsichtsbehörde zur Verwendung für die Eigenkapitalberechnung zugelassen sind. Hierfür muss eine Ratingagentur die Anerkennungskriterien Objektivität, Unabhängigkeit, internationaler Zugang und Transparenz, Veröffentlichung, Ressourcen und Glaubwürdigkeit erfüllen.[76] In Deutschland sind unter anderem

---

[72] Vgl. Schulte-Mattler/Manns, a.a.O., S. 2069; Deutsche Bundesbank: http://www.bundesbank.de/bankenaufsicht/bankenaufsicht_3basel.php, Abruf am 05.03.2012

[73] Vgl. Deutsche Bundesbank: Die Umsetzung der neuen Eigenkapitalregelungen für Banken in deutsches Recht, in: Monatsbericht Dezember 2006, S. 69 f., online unter: http://www.bundesbank.de/download/volkswirtschaft/monatsberichte/2006/200612bbk_mb.pdf

[74] Vgl. Alvarez-Plata/Engerer/Preiffer/Schrooten: Evaluierungsuntersuchung zur Bewertung der Aufsicht der Kreditwirtschaft und Erstellung eines Erfahrungsberichts (Erfahrungsbericht Bankenaufsicht), Deutsches Institut für Wirtschaftsforschung Berlin, 2006, S. 15, online unter: http://www.diw.de/documents/publikationen/73/diw_01.c.44968.de/diwkompakt_2006-024.pdf

[75] Althof, a.a.O., S. 615

[76] Vgl. Basler Ausschuss für Bankenaufsicht, a.a.O., 2006, S. 22, 32

Standard & Poor's, Moody's und Fitch Ratings von der BaFin zugelassen.[77] Aus dem Rating lässt sich das Risikogewicht für eine Forderung ableiten. Das Risikogewicht bestimmt analog zum Prozentsatz der Risikoklasse nach Basel I den mit 8% zu unterlegenden Teil der Kreditsumme:

Kreditsumme * Risikogewicht * 8% = Eigenkapitalunterlegung

Im Folgenden soll ein kurzer Überblick über die wichtigsten Risikogewichte für Forderungen im KSA gegeben werden. Für Forderungen an Staaten und deren Zentralbanken sind folgende Risikogewichte vorgeschrieben:

Rating	AAA bis AA–	A+ bis A–	BBB+ bis BBB–	BB+ bis B–	Unterhalb B–	Ohne Rating
Risikogewichte	0%	20%	50%	100%	150%	100%

Abb. 4: Risikogewichte für Forderungen an Staaten

Quelle: Basler Ausschuss für Bankenaufsicht: Internationale Konvergenz der Eigenkapitalmessung und Eigenkapitalanforderungen, 2006, S. 23, online unter: http://www.bis.org/publ/bcbs128ger.pdf

Deutschland würde somit aufgrund seines AAA-Ratings ein Risikogewicht von 0% erhalten. Allerdings wurde bei der Umsetzung der Basler Regelungen in europäisches bzw. deutsches Recht festgelegt, dass Forderungen gegenüber Deutschland sowie jede Zentralregierung eines anderen Staates des Europäischen Wirtschaftsraums mit 0% gewichtet werden.[78] Dies hat zur Folge, dass beispielsweise auch Forderungen gegenüber Griechenland – trotz des derzeit schlechten Ratings – im KSA weiterhin nicht mit Eigenkapital zu unterlegen sind.[79] Aus der Systematik zu den Risikogewichten für Forderungen an Staaten können jene für Forderungen gegenüber Banken abgeleitet werden (Option 1). Banken erhalten das Risikogewicht, das eine Stufe unter dem Risikogewicht ihres Sitzstaates liegt. Ein Kredit an eine deutsche Bank muss somit mit 20% gewichtet werden. Alternativ zu dieser Gewichtung gibt der Basler Ausschuss Risikogewichte für Bankforderungen nach externen Ratings vor (Option 2). Als

[77] Vgl. BaFin: Liste der für die bankaufsichtliche Risikogewichtung anerkannten Ratingagenturen samt Mapping, 2011, online unter: http://www.bafin.de/cln_161/nn_721290/SharedDocs/Veroeffentlichungen/DE/Service/Auslegungsentscheidungen/Bankenaufsicht/ae__110509__ratingagenturen.html?__nnn=true

[78] Vgl. § 26 Abs. 2 SolvV; Anhang VI der EU-Richtlinie 2006/48/EG. Ein entsprechender Ermessensspielraum wurde in den Basler Regelungen eingeräumt. Vgl. Basler Ausschuss für Bankenaufsicht, a.a.O., 2006, S. 23

[79] Vgl. Schulte-Mattler/Manns, a.a.O., S. 2078

kurzfristige Forderungen gelten Forderungen mit einer Anfangslaufzeit unter drei Monaten:

Rating der Bank	AAA bis AA–	A+ bis A–	BBB+ bis BBB–	BB+ bis B–	Unterhalb B–	Ohne Rating
Risikogewicht unter Option 2	20%	50%	50%	100%	150%	50%
Risikogewicht für kurzfristige Forderungen unter Option 2	20%	20%	20%	50%	150%	20%

Abb. 5: Risikogewichte für Forderungen an Banken (Option 2)

Quelle: Basler Ausschuss für Bankenaufsicht, a.a.O., 2006, S. 26

In Deutschland wurde aufgrund der Vielzahl ungerateter kleinerer und mittelgroßer Institute die vom Sitzstaat abhängige Gewichtung gewählt. Kurzfristige Forderungen erhalten ein pauschales Risikogewicht von 20%.[80]

Forderungen an Unternehmen werden mit folgenden Risikogewichten unterlegt:

Rating	AAA bis AA–	A+ bis A–	BBB+ bis BB–	Unterhalb BB–	Ohne Rating
Risikogewicht	20%	50%	100%	150%	100%

Abb. 6: Risikogewichte für Forderungen an Unternehmen

Quelle: Basler Ausschuss für Bankenaufsicht, a.a.O., 2006, S. 26

Kredite an Kleinunternehmen und Privatpersonen mit einer Kreditsumme von weniger als einer Mio. € werden dem so genannten Mengengeschäft zugeordnet. Für dieses ist ein pauschales Risikogewicht von 75% vorgegeben.[81] Im Vergleich zu den vorherigen Regeln muss das Mengengeschäft damit mit 25% weniger Eigenkapital unterlegt werden. Des Weiteren werden für die Unterlegung des Adressrisikos aus Verbriefungstransaktionen mit Basel II erstmalig umfassende Anrechnungsregelungen festgelegt.[82] Hier werden abhängig von der Bonität Risikogewichte von bis zu 1250% vorgeschrieben.[83] Dies ist das höchstmögliche Risikogewicht im KSA und bedeutet im Ergebnis

[80] Vgl. Deutsche Bundesbank: http://www.bundesbank.de/bankenaufsicht/bankenaufsicht_eigen_adressrisikopositionen.php, Abruf am 01.03.2012; § 31 SolvV

[81] Abweichend hiervon sind durch Wohn- oder Gewerbeimmobilien abgesicherte Forderungen mit 35% bzw. 50% zu gewichten. Vgl. Basler Ausschuss für Bankenaufsicht, a.a.O., 2006, S. 22 ff.

[82] Vgl. Boos/Fischer/Schulte-Mattler, a.a.O., S. 32

[83] Vgl. Anlage 1 SolvV

eine vollständige Unterlegung des Risikoaktivums mit Eigenkapital (1250% * 8% = 100%).

Beispiel für einen Unternehmenskredit in Höhe von 1 Mio. €
Eigenkapitalunterlegung in Abhängigkeit vom Rating des Unternehmens:
AA-Unternehmen: 1.000.000 * 20% * 8% = 16.000 €
BBB-Unternehmen: 1.000.000 * 100% * 8% = 80.000 €
B-Unternehmen: 1.000.000 * 150% * 8% = 120.000 €

Es wird deutlich, dass die risikoorientierten Eigenkapitalvorschriften nach Basel II zu einer Kapitalentlastung für Kredite an Unternehmen mit guter Bonität führen. Lediglich bei einem Rating von BB- oder schlechter muss mehr Eigenkapital unterlegt werden als unter Basel I.

Beim **IRBA** werden keine externen Ratings verwendet. Nach Prüfung und Zulassung des Ansatzes durch die nationale Aufsichtsbehörde dürfen Banken auf interne Schätzungen zur Gewichtung der Risikoaktiva zurückgreifen. Für die Berechnung der Eigenkapitalunterlegung kommen im Wesentlichen die Ausfallwahrscheinlichkeit des Kreditnehmers (Probability of Default, PD), der erwartete Verlust unter Berücksichtigung der Kreditbesicherung (Loss Given Default, LGD), die Restlaufzeit des Kredits (Maturity, M) sowie die zum Zeitpunkt des Ausfalls erwartete Höhe der Forderungen an den Kreditnehmer (Exposure at Default, EAD) als Risikoparameter zum Einsatz. In der Forderungsklasse Unternehmen wird zusätzlich durch einen Größenindikator (Size, S) der Umsatz für kleine und mittlere Unternehmen (Umsatz ≤ 50 Mio. €) berücksichtigt. Im so genannten **IRB-Basisansatz** schätzen Banken lediglich die PD selbst. Die übrigen Parameter werden aufsichtlich vorgegeben. Beim **fortgeschrittenen IRB-Ansatz** werden auch die anderen Risikoparameter von den Banken durch interne Schätzverfahren ermittelt.[84] Durch Multiplikation des EAD mit dem aus den restlichen

[84] Vgl. Basler Ausschuss für Bankenaufsicht, a.a.O., 2006, S. 58, 67, 72, 314; Wolf, a.a.O., 2005, S. 13 ff.

Parametern errechneten Risikogewicht ergibt sich der mit Eigenkapital zu unterlegende Betrag[85]:

EAD * Risikogewicht * 8% = Eigenkapitalunterlegung

Beispiel für einen Unternehmenskredit in Höhe von 1 Mio. €
EAD = 1.000.000 €; PD = 0,03%; LGD = 45%; M = 2,5 Jahre; S = 50 Mio. €
Eigenkapitalunterlegung = 1.000.000 * 14,44% * 8% = 11.552 €

Das Risikogewicht von 14,44% im dargestellten Beispiel errechnet sich aus den angegebenen Parametern PD, LGD, M und S.[86] Auf eine detaillierte Darstellung der Berechnung soll an dieser Stelle verzichtet werden. Die so berechnete Eigenkapitalunterlegung nach IRBA liegt unter den Anforderungen nach dem KSA. Dieser würde für den gleichen Kredit in Abhängigkeit vom externen Rating des Unternehmens eine Unterlegung von mindestens 16.000 € vorschreiben. Grundsätzlich kann im Investmentgrade-Bereich durch Verwendung der komplexeren internen Modelle eine Erleichterung in der Eigenkapitalunterlegung erzielt werden. Dies stellt einen vom Basler Ausschuss gewollten Anreiz zur Anwendung risikosensitiverer Ansätze dar.[87] In Deutschland haben bis zum Jahresende 2010 von insgesamt 1.923 zugelassenen Banken 47 Banken den IRBA und davon wiederum 15 den fortgeschrittenen Ansatz angewendet.[88]

Nach Basel II sind neben Kredit- und Marktrisiken erstmals auch **operationelle Risiken** zu unterlegen.[89] Das operationelle Risiko wird definiert als „die Gefahr von Verlusten,

---

[85] Die Eigenkapitalanforderungen K berechnen sich direkt aus der Formel K = [LGD * N[(1 – R)^–0,5 * G(PD) + (R / (1 – R))^0,5 * G(0,999)] – PD * LGD] * (1 – 1,5 * b)^–1 * (1 + (M – 2,5) * b). Hierbei bezeichnet N (x) die kumulative Verteilungsfunktion einer standardnormalverteilten Zufallsvariablen, R die Korrelation, G (z) die inverse kumulative Verteilungsfunktion einer standardnormalverteilten Zufallsvariablen und b die Restlaufzeitanpassung. Der Größenindikator S fließt in die Berechnung der Korrelation R ein. Durch Multiplikation der Eigenkapitalanforderungen mit 12,5 (= Kehrwert von 8%) ergibt sich das Risikogewicht. Vgl. Basler Ausschuss für Bankenaufsicht, a.a.O., 2006, S. 71 f.

[86] Vgl. Basler Ausschuss für Bankenaufsicht, a.a.O., 2006, S. 315

[87] Vgl. Hennecke/Trück: Auswirkungen der neuen Basler Eigenkapitalvereinbarung auf die Finanzierung von KMU, in: Vierteljahrshefte zur Wirtschaftsforschung, Deutsches Institut für Wirtschaftsforschung Berlin, 2005, S. 121, online unter: http://ejournals.duncker-humblot.de/doi/pdf/10.3790/vjh.74.4.112; Basler Ausschuss für Bankenaufsicht, a.a.O., 2006, S. 4

[88] Vgl. BaFin: Jahresbericht der Bundesanstalt für Finanzdienstleistungsaufsicht '10, 2011, S. 144, 164 f., online unter: http://www.bafin.de/cln_235/nn_722604/SharedDocs/Downloads/DE/Service/Jahresberichte/2010/jb__2010__gesamt,templateId=raw,property=publicationFile.pdf/jb_2010_gesamt.pdf

[89] Vgl. Wolf, a.a.O., 2005, S. 7

die infolge einer Unzulänglichkeit oder des Versagens von internen Verfahren, Menschen und Systemen oder infolge externer Ereignisse eintreten"[90]. Zur Berechnung der Eigenkapitalanforderungen für operationelle Risiken können Kreditinstitute zwischen drei Ansätzen mit zunehmender Komplexität wählen. Der **Basisindikatoransatz (BIA)** orientiert sich an dem durchschnittlichen Bruttoertrag[91] der letzen drei Jahre, der mit einem Prozentsatz von derzeit 15% unterlegt werden muss. Im **Standardansatz (STA)** werden die Bruttoerträge acht unterschiedlichen Geschäftsfeldern zugeordnet, für die Eigenkapital in Höhe eines individuellen Prozentsatzes zwischen 12% und 18% vorzuhalten ist. Unter **Fortgeschrittene Messansätze (Advanced Measurement Approach, AMA)** fallen schließlich bankinterne modellgestütze Verfahren, die bei entsprechender Zulassung durch die Aufsichtsbehörde für die Berechnung und Unterlegung von Verlusten aus operationellen Risiken herangezogen werden können.[92] Das Abstellen auf erwirtschaftete Erträge zur Berechnung des operationellen Risikos, wie es im BIA und STA erfolgt, kann allerdings nur als Hilfskonstruktion für ein schwer zu quantifizierendes Risiko angesehen werden.[93] In Deutschland haben 2010 lediglich 16 Banken fortgeschrittene Messansätze, 71 den STA und die überwiegende Mehrheit (1.845 Banken) den BIA verwendet.[94]

An seinen Vorgaben zur Unterlegung der **Marktrisiken** von 1996 hat der Basler Ausschuss bei der Konzeption von Basel II festgehalten.[95] Veränderungen hierzu gab es erst mit den 2009 vom Basler Ausschuss erlassenen „Enhancements to the Basel II framework"[96], auch als „Basel 2.5" bezeichnet. Mit diesen Erweiterungen wurden unter anderem die Kapitalanforderungen im Bereich der Handelsbuchforderungen erhöht, so dass für Institute mit internen Marktrisikomodellen[97] mit drei- bis viermal so hohen

---

[90] Basler Ausschuss für Bankenaufsicht, a.a.O., 2006, S. 163. Von der Definition sind Rechtsrisiken, nicht jedoch strategische Risiken oder Reputationsrisiken eingeschlossen.

[91] Bruttoertrag = Zinsergebnis zuzüglich zinsunabhängiger Erträge

[92] Vgl. Basler Ausschuss für Bankenaufsicht, a.a.O., 2006, S. 163; Wolf, a.a.O., 2005, S. 18

[93] Vgl. Franke: http://www.kredit-und-finanzen.de/basel-2/basel-1.html, Abruf am 07.03.2012; o.V.: One Basel leads to another, in: The Economist, 18.05.2006, online unter http://www.economist.com/node/6908488/print?story_id=6908488; Kreische: Anforderungen an das Management, die Identifizierung, Messung und Steuerung des operationellen Risikos nach Basel II, in: Praktiker-Handbuch Basel II, Becker/Gaulke,/Wolf, 2005, S. 268

[94] BaFin, a.a.O., 2011, S. 165

[95] Vgl. Basler Ausschuss für Bankenaufsicht, a.a.O., 2006, S. 2; Deutsche Bundesbank: http://www.bundesbank.de/bankenaufsicht/bankenaufsicht_basel_saeule1.php, Abruf am 05.03.2012

[96] Basel Committee on Banking Supervision: Enhancements to the Basel II framework, 2009, online unter: http://www.bis.org/publ/bcbs157.pdf?noframes=1

[97] In Deutschland verwendeten 2010 14 Institute interne Marktrisikomodelle.

Anforderungen für die Unterlegung des Marktrisikos zu rechnen ist. Diese im Jahr 2009 durch die CRD III[98] in europäisches Recht umgesetzten Erweiterungen zu Basel II sind in Deutschland zum 31.12.2011 in Kraft getreten.[99]

Die insgesamt für Kredit-, Markt- und operationelle Risiken zu haltenden Eigenmittel können mit folgender Formel berechnet werden (RWA steht hier für die gewichteten Risikoaktiva für Kreditrisiken):

$$\frac{\text{Anrechenbare Eigenmittel}}{\text{RWA} + 12{,}5 * \text{Anrechnungsbeträge für Marktpreisrisiken und operationelles Risiko}} \geq 8\%$$

Abb. 7: Gesamtkennziffer

Quelle: Wolf: Basel II – ein Überblick, in: Praktiker-Handbuch Basel II, Becker/Gaulke/Wolf, 2005, S. 12

Die Definition der Eigenmittel nach Basel I, aufgeteilt in Kern- und Ergänzungskapital sowie Drittrangmittel, wurde unter Basel II weitgehend beibehalten. Anpassungen haben sich unter anderem für die Anrechnung von **hybriden Kapitalinstrumenten** ergeben. Hybride Kapitalinstrumente haben in den Jahren vor Basel II eine zunehmend wichtigere Bedeutung bei der Eigenmittelausstattung von Kreditinstituten erlangt. Hybridkapital hat aus Sicht der Banken insbesondere den Vorteil, dass es aufgrund der niedrigeren Verzinsung sowie steuerlicher Vorteile preiswerter ist als die klassischen Kernkapitalbestandteile. Zudem wird Hybridkapital bei entsprechender Ausgestaltung als Fremdkapital bilanziert und hat somit einen positiven Leverage-Effekt[100].[101] Auf die steigende Bedeutung hybrider Kapitalinstrumente und die Anerkennung als Kernkapital durch die nationalen Aufsichtsbehörden in der Praxis hatte der Basler Ausschuss bereits 1998 mit einer Pressemitteilung reagiert, wonach der überwiegende Teil des Kernkapitals aus klassischen Eigenkapitalbestandteilen bestehen sollte. Somit ergab sich eine

[98] Richtlinie 2010/76/EU des Europäischen Parlaments und des Rates vom 24.11.2010 zur Änderung der Richtlinien 2006/48/EG und 2006/49/EG im Hinblick auf die Eigenkapitalanforderungen für Handelsbuch und Wiederverbriefungen und im Hinblick auf die aufsichtliche Überprüfung der Vergütungspolitik

[99] Vgl. Deutsche Bundesbank, a.a.O., 2011, S. 5, 21; BaFin, a.a.O., 2011, S. 165 f.

[100] Positiver Leverage-Effekt: Bei einer Gesamtkapitalrendite oberhalb des Fremdkapitalzinssatzes steigt die erwartete Eigenkapitalrendite linear mit dem Verschuldungsgrad. Vgl. Gabler Verlag: http://wirtschaftslexikon.gabler.de/Definition/leverage-effekt.html, Abruf am 11.03.2012

[101] Vgl. Böger/Heidorn/Graf Waldstein: Hybrides Kernkapital für Kreditinstitute, Hochschule für Bankwirtschaft, 2000, S. 9, online unter: www.frankfurt-school.de/dms/Arbeitsberichte/Arbeits22.pdf

Obergrenze für Hybridkapital von 50% des gesamten Kernkapitals. Zudem wurde die Anrechnung so genannter innovativer hybrider Kapitalinstrumente auf 15% des Kernkapitals begrenzt. Als innovative hybride Kapitalinstrumente gelten solche Kapitalinstrumente, die dem Institut befristet überlassen oder mit einem Anreiz zur Tilgung ausgestattet sind. Die Umsetzung der Basler Empfehlungen in europäisches Recht erfolgte jedoch erst im Rahmen von Basel II durch die CRD (2006) sowie durch die 2009 erlassene CRD II[102].[103] Im deutschen Recht finden sich die Beschränkungen für Hybridkapital sowie innovatives Hybridkapital in § 10 KWG unter den Regelungen zum „sonstigen Kapital".[104]

2.1.3.2 Qualitative Anforderungen nach Säule 2

In der zweiten Säule werden die quantitativen Anforderungen aus Säule 1 durch qualitative Vorgaben ergänzt. Der so genannte bankaufsichtliche Überprüfungsprozess (Supervisory Review Process) verpflichtet einerseits die Kreditinstitute sicherzustellen, dass jederzeit genügend internes Kapital zur Abdeckung aller Risiken vorhanden ist (Internal Capital Adequacy Assessment Process, ICAAP), und andererseits die Aufsichtsbehörden im Rahmen des Supervisory Review Evaluation Process (SREP) die Qualität des Risikomanagements sowie die bankinternen Modelle zu prüfen und zu bewerten.[105] Die MaRisk formulieren die Anforderungen an die Banken, die sich aus der zweiten Säule von Basel II ergeben. Sie machen allgemeine Vorgaben zu den Bereichen Risikomanagement, Organisation, Dokumentation, Ressourcen, Aktivitäten in neuen Produkten oder auf neuen Märkten und Outsourcing. Zudem stellen sie besondere Anforderungen an das interne Kontrollsystem, die Aufbau- und Ablauforga-

---

[102] CRD II ist der Oberbegriff für die Richtlinie 2009/111/EG des Europäischen Parlaments und des Rates vom 16.09.2009 zur Änderung der Richtlinien 2006/48/EG, 2006/49/EG und 2007/64/EG hinsichtlich Zentralorganisationen zugeordneter Banken, bestimmter Eigenmittelbestandteile, Großkredite, Aufsichtsregelungen und Krisenmanagement, Richtlinie 2009/83/EG der Kommission vom 27.07.2009 zur Änderung bestimmter Anhänge der Richtlinie 2006/48/EG des Europäischen Parlaments und des Rates mit technischen Bestimmungen über das Risikomanagement sowie der Richtlinie 2009/27/EG der Kommission vom 07.04.2009 zur Änderung bestimmter Anhänge der Richtlinie 2006/49/EG des Europäischen Parlaments und des Rates hinsichtlich technischer Vorschriften für das Risikomanagement

[103] Vgl. Bank for International Settlements: Instruments eligible for inclusion in Tier 1 capital, Press release 27.10.1998, online unter: http://www.bis.org/press/p981027.htm; Berliner Institut für Finanzmarktforschung GmbH: Stellungnahme zum Entwurf eines Gesetzes zur Umsetzung der geänderten Bankenrichtlinie und der geänderten Kapitaladäquanzrichtlinie, 2010, S. 4 f., online unter: http://www.bundestag.de/bundestag/ausschuesse17/a07/anhoerungen/2010/019/Stellungnahmen/21_Dr__Martina_Metzger.pdf; Thelen-Pischke/Eibl: Solvency II und Basel III – ihre Wirkung auf die Refinanzierung von Banken, in: Zeitschrift für das gesamte Kreditwesen, 2011, S. 17

[104] Vgl. § 10 Abs. 2 ff. KWG

[105] Vgl. Hannemann/Schneider, a.a.O., S. 5 ff.; Alvarez-Plata/Engerer/Preiffer/Schrooten, a.a.O., S. 15 ff.

nisation im Kreditgeschäft und Handelsgeschäft, die Risikosteuerungs- und Controllingprozesse sowie die Ausgestaltung der internen Revision. Ein besonderes Augenmerk gilt derzeit der Ermittlung der Risikotragfähigkeit. Hierfür müssen die Banken ein Risikotragfähigkeitskonzept entwickeln, in dem sie die wesentlichen Risiken der vorhandenen Risikodeckungsmasse gegenüberstellen.[106] Die Einhaltung der MaRisk wird in regelmäßigen Abständen durch eine von der BaFin angeordnete und in der Regel von der Deutschen Bundesbank durchgeführte Sonderprüfung überprüft.[107]
Trotz dieser aufsichtlichen Vorgaben haben Defizite im Risikomanagement maßgeblich zur Entstehung und Verschärfung der Finanzkrise beigetragen. Aus diesem Grund wurden vom Basler Ausschuss im Rahmen seines Maßnahmenpakets „Enhancements to the Basel II framework" („Basel 2.5"), unter anderem Ergänzungen zur Säule 2 veröffentlicht. Diese beinhalten im Wesentlichen Vorgaben zu einer gruppenweiten Risikosteuerung, spezielle Anforderungen an einzelne Risikoarten (z. B. Konzentrationsrisiken, außerbilanzielle Positionen, Reputationsrisiken) sowie Anforderungen an Stresstests und Vergütungspraktiken.[108] Die Anpassungen von Basel II wurden überwiegend[109] in der MaRisk-Novelle 2009 (BaFin-Rundschreiben 15/2009) bzw. 2010 (BaFin-Rundschreiben 11/2010) berücksichtigt.[110]

2.1.3.3 Offenlegungsanforderungen nach Säule 3

Die dritte Säule enthält als „wirkungsvolle Ergänzung der anderen beiden Säulen"[111] Offenlegungspflichten zur Stärkung der Marktdisziplin. Die Offenlegungsanforderungen stellen eine indirekte Risikobegrenzungsnorm dar, da mit der Pflicht zur Offenlegung von Eigenkapitalausstattung und Eigenkapitalstruktur sowie der bestehenden Risiken und deren Management die Kräfte des Marktes genutzt werden. „Marktteilnehmer betrachten Risiken, denen ein Kreditinstitut ausgesetzt ist und die Techniken, die

---

[106] Vgl. AT 4.1 MaRisk
[107] Vgl. BaFin, a.a.O., 2011, S. 162
[108] Vgl. Deutsche Bundesbank, a.a.O., 2011, S. 34
[109] Die Regelungen zur Vergütung wurden mit dem Gesetz über die aufsichtsrechtlichen Anforderungen an die Vergütungssysteme von Instituten und Versicherungsunternehmen und mit der Instituts-Vergütungsverordnung zum Jahresende 2010 umgesetzt. Vgl. Deutsche Bundesbank, a.a.O., 2011, S. 36
[110] Vgl. Deutsche Bundesbank: Basel III: http://www.bundesbank.de/bankenaufsicht/bankenaufsicht_3basel.php, Abruf am 05.03.2012; BaFin: MaRisk – Anschreiben zur Veröffentlichung der Neufassung, 2010, online unter http://www.bafin.de/cln_235/nn_722754/SharedDocs/Veroeffentlichungen/DE/Service/Rundschreiben/2010/rs__1011__ba__anschreiben.html; Deutsche Bundesbank, a.a.O., 2011, S. 35
[111] Basler Ausschuss für Bankenaufsicht, a.a.O., 2006, S. 4

Institute nutzen, um diese Risiken zu messen, zu überwachen und zu steuern, als wichtige Faktoren bei ihrer Beurteilung einer Institution."[112] Dies bedeutet, dass zu hohe Risiken bzw. ein unangemessenes Risikomanagement mit schlechten Konditionen am Markt abgestraft werden.[113] Die Offenlegungsanforderungen unterstützen diesen Mechanismus, indem sie für eine verbesserte Transparenz auf den Finanzmärkten sorgen.[114] Ausgenommen sind lediglich unwesentliche, rechtlich geschützte sowie vertrauliche Informationen.[115]

Mit den 2009 als Reaktion auf die Krise erlassenen „Enhancements to the Basel II framework" („Basel 2.5") wurden die in den Regelungen nach Basel II noch allgemein gehaltenen Anforderungen an die Offenlegung konkretisiert und insbesondere genaue Vorgaben zur Veröffentlichung von Verbriefungstransaktionen gemacht.[116]

2.2 Liquiditätsregeln vor Basel III

In der Bankpraxis wird bei der Definition des **Liquiditätsrisikos** zwischen dem Zahlungsunfähigkeitsrisiko (Liquiditätsrisiko im engeren Sinne), dem Refinanzierungsrisiko und dem Marktliquiditätsrisiko unterschieden.[117] „Das **Zahlungsunfähigkeitsrisiko** bezeichnet das Risiko, den gegenwärtigen oder zukünftigen Zahlungsverpflichtungen nicht, nicht vollständig oder nicht zeitgerecht bzw. nicht in ökonomisch sinnvoller Weise nachkommen zu können."[118] Zahlungsunfähigkeit sowie bereits eine drohende Zahlungsunfähigkeit stellen gemäß Insolvenzordnung (InsO) neben der Überschuldung Gründe für eine Insolvenz dar. Aus diesem Grund ist die Gewährleistung der jederzeitigen Zahlungsfähigkeit von zentraler Bedeutung für das Überleben eines Kreditinstituts.[119] Das **Refinanzierungsrisiko**, auch als **Liquiditätsfristentransformationsrisiko** bezeichnet, beschreibt „das Risiko, dass aufgrund einer Veränderung der eigenen

---

[112] Ebenda, S. 263
[113] Vgl. Wolf, a.a.O., 2005, S. 23
[114] Vgl. Hannemann/Schneider, a.a.O., S. 5 ff.; Alvarez-Plata/Engerer/Preiffer/Schrooten, a.a.O., S. 15 ff.
[115] Vgl. § 26a Abs. 2 KWG
[116] Basel Committee on Banking Supervision, a.a.O., 2009, S. 28; Deutsche Bundesbank, a.a.O., 2011, S. 21
[117] Vgl. Deutsche Bundesbank/BaFin: Praxis des Liquiditätsrisikomanagements in ausgewählten deutschen Kreditinstituten, 2007, S. 5, online unter: http://www.bundesbank.de/download/bankenaufsicht/pdf/liquiditaetsrisikomanagement.pdf
[118] Iversen/Schillings: Stresstests im Liquiditätsrisikomanagement – Teil 1: Liquidität und Liquiditätsrisiko, in: Banken-Times Spezial: Banksteuerung / Treasury Management, Finanz Colloquium Heidelberg, 2010, S. 4, online unter: http://www.trisolutions.de/downloads/fachartikel/BTspezial_Banksteuerung_08-2010.pdf
[119] Vgl. Albert: Kommentierung zum Kreditwesengesetz, § 11 Liquidität, in: Kreditwesengesetz, Kommentar, Reischauer/Kleinhans, 2011, S. 4

Refinanzierungskurve (Spreadrisiko) aus der Liquiditätsfristentransformation[120] innerhalb eines vorgegebenen Zeitraums auf einem bestimmten Konfidenzniveau ein Verlust entsteht“[121]. Vereinfacht ausgedrückt wird hiermit das Risiko beschrieben, dass zusätzliche Refinanzierungsmittel nur zu erhöhten Marktzinsen beschafft werden können. Das **Marktliquiditätsrisiko** schließlich beschreibt das Risiko, dass Vermögenswerte aufgrund außergewöhnlicher Begebenheiten nur mit Abschlägen am Markt liquidiert werden können. Das so definierte Marktliquiditätsrisiko wird in der Praxis nahezu durchgehend dem Marktrisikomanagement zugeordnet.[122] Im Folgenden wird unter dem Begriff Liquiditätsrisiko das Liquiditätsrisiko im engeren Sinne (Zahlungsunfähigkeitsrisiko) verstanden.

Seit 1962 werden in Deutschland Anforderungen an die Mindestliquidität von Banken gestellt.[123] Analog zu der Entwicklung der Eigenmittelgrundsätze wurde anfangs auch für die Angemessenheit der Liquidität von einer gesetzlichen Verankerung fester Relationen abgesehen.[124] Die aufgestellten Liquiditätsgrundsätze sahen eine Begrenzung der kurz- und mittelfristigen Anlagen sowie der langfristigen Anlagen auf einen bestimmten Prozentsatz der Finanzierungsmittel mit entsprechender Fälligkeit vor.[125] Der entscheidende Nachteil dieser Grundsätze lag in der Berücksichtigung der jeweiligen Bilanzpositionen zu ihren ursprünglich vereinbarten Laufzeiten oder Kündigungsfristen. Für die Beurteilung der Liquiditätsausstattung einer Bank sind jedoch vielmehr die Restlaufzeiten von Bedeutung. Im Jahr 2000 wurde diese Schwachstelle durch die Neufassung der bisherigen Grundsätze zum neuen Grundsatz II behoben.[126]

Dieser **Grundsatz II** sah die Erfassung der Liquiditätslage eines Instituts für die nächsten zwölf Monate vor. Hierzu wurden die zu Verfügung stehenden liquiden Aktiva den tatsächlichen und potentiellen Liquiditätsabflüssen in vier Fristen-Bändern[127]

---

[120] Liquiditätsfristentransformation bedeutet das langfristige Ausleihen kurzfristig hereingenommener Einlagen. Vgl. ebenda, S. 5

[121] Iversen/Schillings, a.a.O., S. 4

[122] Vgl. Deutsche Bundesbank/BaFin, a.a.O., S. 5

[123] Vgl. Zeitler: Die „final rules“ – was bedeutet Basel III für die deutschen Kreditinstitute?, Rede auf der DSGV-Vorständetagung „Märkte und Strategien“ Panel II: Der regulatorische Rahmen, 27.01.2011, S. 9, online unter: http://www.bundesbank.de/download/presse/reden/2011/20110127.zeitler.pdf

[124] Vgl. o.V.: Vorwort zu den §§ 10 bis 12, in: Kreditwesengesetz, Kommentar, Reischauer/Kleinhans, 2011, S. 1

[125] Vgl. Zeitler, a.a.O., S. 9; Boos/Fischer/Schulte-Mattler, a.a.O., S. 371

[126] Vgl. Boos Boos/Fischer/Schulte-Mattler, a.a.O., S. 371

[127] Die einzelnen Fristen sind: täglich fällig bis zu einem Monat, über 1 Monat bis zu 3 Monaten, über 3 Monaten bis zu 6 Monaten und über 6 Monaten bis zu 12 Monaten. Vgl. § 2 Abs. 1 LiqV

gegenübergestellt. Überstiegen die liquiden Aktiva die voraussichtlichen Abflüsse, wurde die Zahlungsbereitschaft eines Instituts im Regelfall als ausreichend angesehen:

$$\frac{\text{liquide Aktiva}}{\text{Liquiditätsabflüsse}} \geq 1$$

Abb. 8: Liquiditätskennziffer

Quelle: eigene Darstellung

Die von den Instituten zu meldende Liquiditätskennziffer gab die Liquiditätslage zum Folgemonat wieder. Nachrichtlich sollten weitere Beobachtungskennzahlen für die Liquidität in den auf den Meldemonat folgenden elf Monaten berechnet werden.[128]
Zeitgleich mit der Ablösung des Grundsatzes I durch die SolvV wurde 2007 der Grundsatz II von der **Liquiditätsverordnung (LiqV)** abgelöst. Diese ermöglicht über eine so genannte Öffnungsklausel neben der Anwendung der bisherigen Regelungen (Standardansatz) erstmals die bankaufsichtliche Nutzung institutseigener Risikomess- und -steuerungsverfahren zur Begrenzung des Liquiditätsrisikos.[129] Die Anforderungen an diese Verfahren nach § 10 LiqV weisen eine große Schnittmenge zu den im Folgenden beschriebenen liquiditätsbezogenen Anforderungen der MaRisk auf. Insofern ist die Verwendung dieser Verfahren mit erheblichen Synergiepotentialen für die Institute verbunden.[130]
Qualitative Anforderungen zum Liquiditätsrisiko finden sich in der zweiten Säule von Basel II.[131] Gemäß den **MaRisk** sind Liquiditätsrisiken neben Adressenausfallrisiken, Marktpreisrisiken und operationellen Risiken als wesentlich einzustufen.[132] Hierbei ist zu berücksichtigen, dass das Zahlungsunfähigkeitsrisiko „aufgrund seiner Eigenart nicht sinnvoll durch Risikodeckungspotenzial begrenzt werden kann“[133]. Im Rahmen des ICAAPs können somit lediglich Verlustrisiken aus dem Refinanzierungsrisiko oder dem Marktliquiditätsrisiko mit internem Kapital unterlegt werden. Für das Zahlungsunfähig-

---

[128] Vgl. Boos/Fischer/Schulte-Mattler, a.a.O., S. 371; Deutsche Bundesbank/BaFin, a.a.O., S. 5
[129] Vgl. Deutsche Bundesbank, a.a.O., 2006, S. 87; § 10 LiqV
[130] Vgl. PricewaterhouseCoopers: Mindestanforderungen an das Risikomanagement, Financial Services – Newsletter, 2007, S. 1 f., online unter: http://www.pwc.de/de_de/de/newsletter/finanzdienstleistung/assets/fs_pwc_marisk_newsletter_nr_13.pdf
[131] Vgl. Deutsche Bundesbank:, a.a.O., 2006, S. 88
[132] Vgl. AT 2.2 MaRisk
[133] AT 4.1 Nr. 4 MaRisk

keitsrisiko muss ein entsprechender Liquiditätspuffer vorgehalten werden.[134] Hierfür geben die MaRisk vor, dass Institute unter anderem mit geeigneten Verfahren zur Erkennung von Liquiditätsengpässen, aussagekräftigen Liquiditätsübersichten, ausreichend bemessenen, nachhaltigen Liquiditätsreserven sowie angemessenen individuellen Stresstests eine jederzeitige Zahlungsfähigkeit sicherstellen müssen.[135]

Als Reaktion auf die Finanzkrise, in deren Vorfeld elementare Grundsätze der Liquiditätssteuerung außer Acht gelassen wurden, veröffentlichte der Basler Ausschuss im Jahr 2008 die Grundsätze für eine solide Steuerung und Überwachung des Liquiditätsrisikos („Principles for Sound Liquidity Risk Management and Supervision"). Diese Grundsätze geben ausführliche Empfehlungen zum angemessenen Management des Liquiditätsrisikos und wurden im Wesentlichen 2009 in die MaRisk eingearbeitet. Eine weitere Anpassung der MaRisk erfolgte im Dezember 2010 mit Einarbeitung der 2009 vom ehemaligen Ausschuss der Europäischen Bankaufsichtsbehörden (Committee of European Banking Supervisors, CEBS[136]) veröffentlichten „Guidelines on Liquidity Buffers & Survival Periods".[137] Im Gegensatz zu diesen zahlreichen qualitativen Vorgaben gibt es derzeit weder international noch auf EU-Ebene einheitliche **quantitative** Vorgaben zu den Liquiditätsrisiken. Insofern wird mit den neuen einheitlichen Standards von Basel III für Liquiditätsrisiken Neuland betreten.[138]

---

[134] Vgl. Iversen/Schillings, a.a.O., S. 5

[135] Vgl. BTR 3.1 MaRisk. Für kapitalmarktorientierte Institute gelten darüber hinausgehende Anforderung an vorzuhaltende Liquiditätsreserven sowie durchzuführende Stresstests. Vgl. BTR 3.2 MaRisk.

[136] Zum 01.01.2011 ist CEBS in die neue Europäische Bankaufsichtsbehörde (European Banking Authority, EBA) aufgegangen. Vgl. EBA: http://www.eba.europa.eu/Aboutus.aspx, Abruf am 07.03.2012

[137] Vgl. Basler Ausschuss für Bankenaufsicht: Basel III: Internationale Rahmenvereinbarung über Messung, Standards und Überwachung in Bezug auf das Liquiditätsrisiko, 2010, S. 1, online unter: http://www.bis.org/publ/bcbs188_de.pdf; Brzenk/Cluse/Leonhardt: Basel III: Die neuen Basler Liquiditätsanforderungen, White Paper No. 37, Deloitte & Touche GmbH Wirtschaftsprüfungsgesellschaft, 2011, S. 2, online unter: http://www.deloitte.com/assets/Dcom-Germany/Local%20Assets/Documents/15_ERS/2010/de_WP_ERS_FRS_WP3_%2006012011.pdf

[138] Vgl. Zeitler, a.a.O., S. 9

3 Neue Eigenkapital- und Liquiditätsregeln nach Basel III

3.1 Verfolgte Ziele

Als Reaktion auf die Wirtschafts- und Finanzkrise soll Basel III die Finanzwelt stabiler machen. Banken sollen Turbulenzen nach Möglichkeit künftig ohne staatliche Hilfe bewältigen können.[139] Zu diesem Zweck soll die Qualität und Quantität des Eigenkapitals der Banken verbessert, sowie eine einheitliche und für alle Marktteilnehmer transparente Ermittlung sichergestellt werden.[140] Ferner sollen übermäßige Verschuldungen und Risikoübernahmen eingedämmt und die Prozyklität[141] verringert werden.[142] Schließlich sollen die neu eingeführten Liquiditätsvorschriften zu einer Verbesserung der kurzfristigen und langfristigen Widerstandskraft des Liquiditätsrisikoprofils der Banken führen. Insgesamt soll der Bankensektor widerstandsfähiger gegenüber Stresssituationen im Finanzsektor und in der Wirtschaft werden, und sich damit die Gefahr einer Ausbreitung von Problemen im Finanzsektor auf die Realwirtschaft verringern. [143] Trotz der regulatorischen Verschärfungen soll der Bankensektor jedoch zur Erholung der Wirtschaft beitragen und nicht durch zu strenge Eigenkapital- und Liquiditätsanforderungen die Kreditvergabe ausgebremst werden. Um diesen Konflikt zu lösen, wurden Übergangsbestimmungen festgelegt, die eine sukzessive Einführung der erhöhten Anforderungen vorsehen.[144]

Zur Verbesserung der Transparenz und der Marktdisziplin müssen Banken zusätzlich zu den im Folgenden näher beschriebenen erhöhten Anforderungen an Eigenkapital und Liquidität künftig erheblich umfangreichere **Offenlegungspflichten** erfüllen. Durch einheitliche Definitionen und detaillierte Vorgaben soll die Vergleichbarkeit der veröffentlichten Zahlen erhöht werden. Unter anderem müssen vollständige Angaben zur Herleitung des regulatorischen Eigenkapitals aus der Bilanz gemacht sowie bei einer

---

139 Vgl. ARD: http://www.tagesschau.de/wirtschaft/baseldrei102.html, Abruf am 01.03.2012

140 Vgl. Deutsche Bundesbank, a.a.O., 2011, S. 7

141 Unter Prozyklität wird die „Verstärkung negativer konjunktureller Schwankungen entweder durch erhöhte bankaufsichtliche Eigenkapitalanforderungen aufgrund erhöhter Ausfallwahrscheinlichkeiten und/oder in Folge verminderter Wertansätze von Bilanzpositionen aus der Marktpreisbewertung“ verstanden. Deutsche Bundesbank, a.a.O., 2011, S. 40

142 Vgl. Basler Ausschuss für Bankenaufsicht, a.a.O., Pressemitteilung vom 26.07.2010, S. 1

143 Vgl. Basler Ausschuss für Bankenaufsicht, a.a.O., 2011, S. 1, 10

144 Vgl. Basler Ausschuss für Bankenaufsicht, a.a.O., Pressemitteilung vom 26.07.2010, S. 1; Deutsche Bundesbank, a.a.O., 2011, S. 18

Veröffentlichung von Quoten deren genaue Berechnung offengelegt werden.[145] Ausführlichere Offenlegungsanforderungen („Definition of capital disclosure requirements") hat der Basler Ausschuss im Dezember 2011 zur Konsultation veröffentlicht.[146]

Des Weiteren soll die von Basel II vorgesehene Verwendung **externer Ratings**, die „sich in der Finanzkrise als nicht immer verlässlich erwiesen haben"[147], eingeschränkt werden. Zu diesem Zweck sollen Banken nach den Empfehlungen des Basler Ausschusses Kredite unabhängig von der Existenz eines externen Ratings beurteilen und die Angemessenheit des nach KSA vorgegebenen Risikogewichts überprüfen. Übersteigt der Risikogehalt die nach KSA erforderliche Unterlegung mit Eigenkapital soll dies bei der Analyse der Eigenkapitalausstattung berücksichtigt werden.[148] Zudem wurden die Anforderungen an Ratingagenturen nach Basel II dahingehend präzisiert, dass das Verhältnis von Ratingagenturen zum beurteilten Unternehmen offenkundig wird. So müssen die Agenturen künftig unter anderem angeben, ob der Emittent am Ratingprozess beteiligt war. Des Weiteren müssen der Verhaltenskodex sowie die allgemeine Art der Vergütungsvereinbarungen mit den gerateten Unternehmen offengelegt werden. Darüber hinaus sollen die nationalen Aufsichtsinstanzen bei der Anerkennung von Ratingagenturen den Verhaltenskodex „Fundamentals for Credit Rating Agencies" der Internationalen Vereinigung der Wertpapieraufsichtsbehörden (International Organization of Securities Commissions, IOSCO) einbeziehen.[149]

3.2 Verschärfter Kapitalbegriff

3.2.1 Qualitative Verschärfungen

Zur Steigerung der Verlustabsorption werden mit Basel III die Anforderungen an die Qualität des aufsichtlichen Kapitals erhöht. Dies geschieht, indem ein größeres Gewicht auf qualitativ höherwertige Bestandteile des **haftenden Eigenkapitals** gelegt wird.[150]

---

[145] Vgl. Deutsche Bundesbank, a.a.O., 2011, S. 17 ; Basler Ausschuss für Bankenaufsicht, a.a.O., 2011, S. 30

[146] Vgl. Basel Committee on Banking Supervision: Definition of capital disclosure requirements, Consultative document, 2011, online unter: http://www.bis.org/publ/bcbs212.pdf

[147] Deutsche Bundesbank, a.a.O., 2011, S. 23

[148] Vgl. Basler Ausschuss für Bankenaufsicht, a.a.O., 2011, S. 5, 58 f.

[149] Vgl. ebenda, S. 59; The Technical Committee of the International Organization of Securities Commissions: Code of Conduct Fundamentals for Credit Rating Agencies, 2008, online unter: http://www.iosco.org/library/pubdocs/pdf/IOSCOPD271.pdf

[150] Vgl. Deutsche Bundesbank, a.a.O., 2011, S. 9

Während die Mindestanforderung an das haftende Eigenkapital grundsätzlich unverändert in Höhe von 8% bestehen bleibt, muss sich dieses zukünftig zu mindestens drei Vierteln aus **Kernkapital** (6%) und nur zu maximal einem Viertel aus **Ergänzungskapital** (2%) zusammensetzen. Des Weiteren wird innerhalb des Kernkapitals nunmehr zwischen **hartem**[151] und **zusätzlichem** (oder weichem)[152] **Kernkapital** unterschieden, wobei das harte Kernkapital mindestens 4,5% des gesamten haftenden Eigenkapitals betragen muss.[153] Die nach Basel II zur Abdeckung von Marktrisiken berücksichtigungsfähigen Drittrangmittel entfallen vollständig.[154] Es ergibt sich folgende neue Systematik der Eigenmittel (in Klammern die einzuhaltenden Quoten):

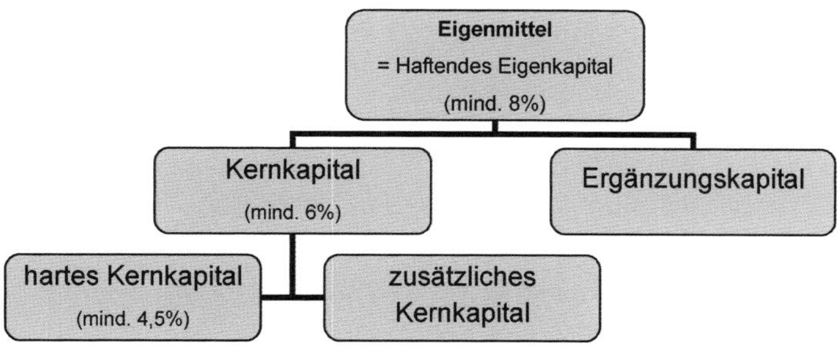

Abb. 9: Systematik der Eigenmittel nach Basel III

Quelle: eigene Darstellung

Die folgende Grafik soll die Verschiebung innerhalb des haftenden Eigenkapitals zugunsten des (harten) Kernkapitals veranschaulichen. Das weiche Kernkapital in der linken Säule entspricht dem bisherigen hybriden Kernkapital, das nach den bisherigen Regeln maximal 50% des Kernkapitals einnehmen darf.

---

[151] Common Equity Tier 1, CET1

[152] Additional Tier 1 Capital, AT1

[153] Vgl. Basler Ausschuss für Bankenaufsicht, a.a.O., 2011, S. 13, 31

[154] Vgl. Deutsche Bundesbank, a.a.O., 2011, S. 10

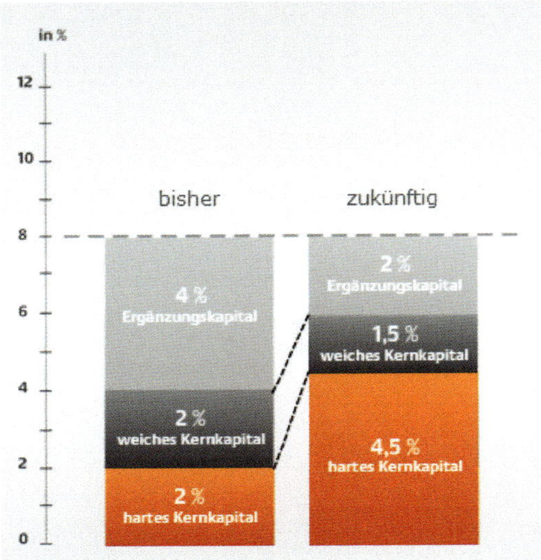

Abb. 10: Verschiebung innerhalb des haftenden Eigenkapitals

Quelle: Bundesministerium der Finanzen: http://www.bundesfinanzministerium.de/nn_39814/DE/BMF__Startseite/Multimedia/Einfach-Erklaert/Basel-III/Basel-III-Artikel.html, Abruf am 03.03.2012

Hierbei ist zu beachten, dass die Verschiebung zeitlich gestaffelt erfolgt, um die mit den erhöhten Anforderungen einhergehenden negativen Effekten auf die Wirtschaft, beispielsweise in Form einer restriktiveren Kreditvergabe, gering zu halten. So muss das harte Kernkapital zunächst lediglich auf 3,5% (2013), dann auf 4% (2014) und schließlich auf 4,5% (ab 2015) der risikogewichteten Aktiva erhöht werden. Im Gegenzug wird das zusätzliche Kernkapital ab 2014 nur noch mit maximal 1,5% als Kernkapital angerechnet. Im Jahr 2013 kann es zugunsten eines langsameren Absinkens des anerkennungsfähigen Ergänzungskapitals auf 1% reduziert werden. Letzteres verringert sich somit zunächst auf 3,5% (2013), dann auf 2,5% (2014) und schließlich auf 2% (ab 2015):[155]

---

[155] Vgl. Deutsche Bundesbank, a.a.O., 2011, S. 18 f.

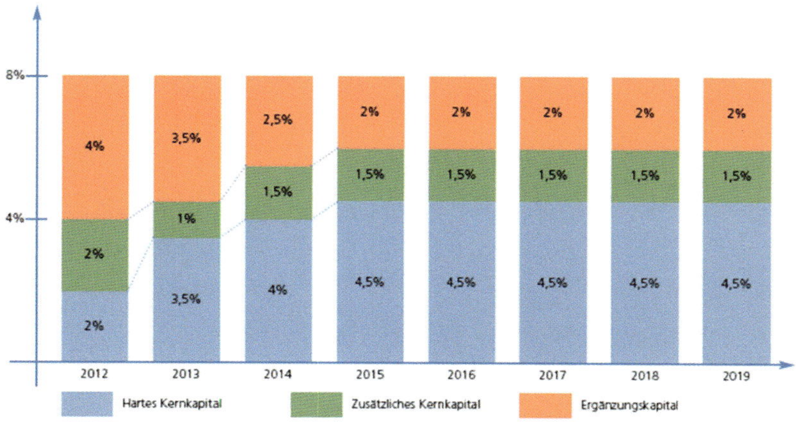

Abb. 11: Übergangsfristen für die neuen Eigenkapitalregeln

Quelle: Deutsche Bundesbank: Basel III – Leitfaden zu den neuen Eigenkapital- und Liquiditätsregeln für Banken, 2011, S. 19, online unter:
http://www.bundesbank.de/download/bankenaufsicht/pdf/basel3_leitfaden.pdf

Parallel zum Aufbau von höherwertigem Kapital müssen bisherige Kapitalbestandteile, die den neuen strengeren Anforderungen nicht mehr gerecht werden, abgebaut werden. Dieser Abbau erfolgt ebenfalls sukzessive: Vor dem 12.09.2010[156] begebene Kapitalemissionen genießen einen Bestandsschutz, der ein ratierliches Abschmelzen des Gesamtvolumens bis zum Jahr 2023 vorsieht.[157] Dem **Zentralen Kreditausschuss** (ZKA)[158] indes geht dieser Bestandsschutz nicht weit genug. Er fordert in seiner Stellungnahme zu den vorgeschlagenen Basler Regelungen eine Anerkennung der aktuellen Eigenkapitalinstrumente von mindestens 30 Jahren, um negative Auswirkungen auf die Kreditvergabe zu vermeiden.[159] Die möglichen Auswirkungen der neuen Regelungen auf die Kreditvergabe werden in einem separaten Kapitel thematisiert.[160]

---

[156] Datum der Grundsatzeinigung zu Basel III
[157] Vgl. Deutsche Bundesbank, a.a.O., 2011, S. 19
[158] Interessenvertretung der kreditwirtschaftlichen Spitzenverbände. Aus dem ZKA ist im August 2011 die Interessenvertretung „Die Deutsche Kreditwirtschaft" (DK) hervorgegangen. Vgl. Die Deutsche Kreditwirtschaft: http://www.die-deutsche-kreditwirtschaft.de/dk/die-deutsche-kreditwirtschaft.html, Abruf am 11.03.2012
[159] Vgl. Zentraler Kreditausschuss: Stellungnahme des Zentralen Kreditausschusses zum Konsultationspapier des Basler Ausschusses „Strengthening the Resilience of the Banking Sector", 2010, S. 24, online unter: http://www.die-deutsche-kreditwirtschaft.de/uploads/media/ZKA-Stellungnahme_zu_BCBS_164_-final.pdf
[160] Vgl. Kapitel 4.5, Konsequenzen für die Kreditvergabe

Um eine „einheitliche und für alle Marktteilnehmer transparente Ermittlung“[161] des Eigenkapitals zu gewährleisten, werden die Eigenschaften der Eigenkapitalbestandteile durch einen Kriterienkatalog klar festgelegt. Hierbei orientiert sich das für international tätige Banken konzipierte Basel III in erster Linie an Aktiengesellschaften. Deren **hartes Kernkapital** besteht überwiegend aus Stammaktien und einbehaltenen Gewinnen.[162] Die typischen Eigenkapitalinstrumente von Instituten in einer anderen Rechtsform bleiben ebenfalls als hartes Kernkapital anerkennungsfähig. Hiervon sind in Deutschland insbesondere Anteile an Genossenschaftsbanken sowie stille Einlagen an öffentlich-rechtlichen Sparkassen und Landesbanken betroffen.[163] Um dennoch ein vergleichbares Niveau hoher Kernkapitalqualität sicherzustellen, müssen alle Komponenten des harten Kernkapitals grundsätzlich einem 14 Punkte umfassenden Kriterienkatalog gerecht werden. Dieser schreibt insbesondere[164] die unzweifelhafte Verlustabsorptionsfähigkeit und die Dauerhaftigkeit vor. Bei der Erfüllung der Kriterien dürfen Besonderheiten der Kapitalinstrumente von Nicht-Aktiengesellschaften berücksichtigt werden.[165] Das **zusätzliche Kernkapital** „entspricht weitgehend dem bisherigen nicht-innovativen, hybriden Kernkapital“[166]. Es besteht aus Kapitalinstrumenten, die nicht bereits Teil des harten Kernkapitals sind, und einem ebenfalls 14 Punkte umfassenden Kriterienkatalog für zusätzliches Kernkapital entsprechen müssen. Die Kriterien sind unter anderem[167] Nachrangigkeit, kein Fälligkeitstermin sowie Kündigungsmöglichkeit frühestens nach Ablauf von fünf Jahren und nach Zustimmung der zuständigen Aufsichtsbehörde. Hierbei darf bei den Investoren nicht die Erwartung geweckt werden, dass eine frühzeitige Rückzahlung des Kapitals erfolgen könnte.[168] Ein Beispiel für zusätzliches Ergänzungskapital sind entsprechend den Kriterien ausgestaltete Vorzugsaktien.[169]

Mit den neuen Regelungen entfallen innovative hybride Kernkapitalinstrumente mit Anreizen zur vorzeitigen Rückzahlung, die unter Basel II noch zu 15% als Kernkapital

[161] Deutsche Bundesbank, a.a.O., 2011, S. 7
[162] Vgl. Basler Ausschuss für Bankenaufsicht, a.a.O., 2011, S. 3, 14
[163] Vgl. Deutsche Bundesbank, a.a.O., 2011, S. 9
[164] Der komplette Kriterienkatalog für hartes Kernkapital befindet sich im Anhang (Anlage 3).
[165] Vgl. Basler Ausschuss für Bankenaufsicht, a.a.O., 2011, S. 3; Deutsche Bundesbank, a.a.O., 2011, S. 9
[166] Deutsche Bundesbank, a.a.O., 2011, S. 12
[167] Der komplette Kriterienkatalog für zusätzliches Kernkapital befindet sich im Anhang (Anlage 4).
[168] Vgl. Basler Ausschuss für Bankenaufsicht, a.a.O., 2011, S. 16 ff.
[169] Vgl. Deutsche Bundesbank, a.a.O., 2011, S. 11, 13

anerkannt wurden, vollständig.[170] Auch sonstiges Hybridkapital, mit Ausnahme von entsprechend ausgestalteten stillen Einlagen, kann im Gegensatz zu Basel II nicht mehr als hartes Kernkapital angerechnet werden. Diese Verschärfungen tragen den Erkenntnissen aus der Krise Rechnung, in der hybride Kapitalbestandteile nicht zur Deckung der Verluste herangezogen, sondern aufgrund von staatlichen Stützungsmaßnahmen faktisch wie Fremdkapital behandelt wurden.[171] Das sich aus hartem und zusätzlichem Kernkapital ergebende gesamte **Kernkapital** ist so genanntes **Going Concern Capital**. Das bedeutet, dass es Verluste während der Unternehmensfortführung in vollem Umfang auffängt und eine Insolvenz verhindert.[172]

Beim **Ergänzungskapital** wird keine Unterscheidung mehr nach erster und zweiter Klasse vorgenommen. Es können Kapitalinstrumente angerechnet werden, die nicht Teil des Kernkapitals sind und neun Kriterien des Basler Ausschusses erfüllen. Anders als beim Kernkapital ist beim Ergänzungskapital beispielsweise[173] die Dauerhaftigkeit nicht zwingend erforderlich. Jedoch muss die Anfangslaufzeit mindestens fünf Jahre betragen.[174] Ferner ist es ausreichend, wenn das Ergänzungskapital den Gläubigern im Liquidations- bzw. Insolvenzfall zur Verfügung steht. Es verkörpert somit das so genannte **Gone Concern Capital**. Einen großen Anteil am Ergänzungskapital werden zukünftig voraussichtlich langfristige Nachrangverbindlichkeiten ausmachen.[175]

Eine weitere Änderung im Vergleich zu Basel II ergibt sich aus dem Wegfall der Abhängigkeiten der einzelnen Kapitalkategorien untereinander. Nach Basel II darf das Ergänzungskapital beispielsweise maximal die Höhe des Kernkapitals betragen. Eine Verringerung des Kernkapitals führt mit dieser Regelung gleichzeitig zu einer Reduzierung des anerkennungsfähigen Ergänzungskapitals. Durch die Festlegung expliziter Quoten der Kapitalbestandteile in Bezug auf die risikogewichteten Aktiva wurde diese Problematik beseitigt.[176]

---

[170] z. B. mit einer so genannten Step-up-Klausel (Zinserhöhungsvereinbarung). Vgl. Deutsche Bundesbank, a.a.O., 2011, S. 12, 40; Thelen-Pischke/Eibl, a.a.O., S. 17

[171] Vgl. Dübel: Rettung der Hybridkapitalgeber, d.h. Eigenkapitalgeber, der Banken mit Steuergeldern in Deutschland, eine erste Annäherung, 2010, S. 2, online unter: http://www.finpolconsult.de/mediapool/16/169624/data/Duebel_Rettung_der_Hybridkapitalgeber_bei_Banken_durch_Staat_10.pdf

[172] Vgl. Deutsche Bundesbank, a.a.O., 2011, S. 10

[173] Der komplette Kriterienkatalog für Ergänzungskapital befindet sich im Anhang (Anlage 5).

[174] Vgl. Basler Ausschuss für Bankenaufsicht, a.a.O., 2011, S. 19 f.

[175] Vgl. Deutsche Bundesbank, a.a.O., 2011, S. 10, 15

[176] Vgl. Gaumert/Götz/Ortgies: Basel III – eine kritische Würdigung, in: Die Bank, Zeitschrift für Bankpolitik und Praxis, 2011, S. 3, online unter: http://www.die-bank.de/betriebswirtschaft/basel-iii-2013-eine-kritische-wurdigung

Die durch Basel III vorgenommene Vereinheitlichung der aufsichtlichen Vorgaben zu **Abzugs- und Korrekturposten** führt ebenfalls zu einer qualitativen Verschärfung der Eigenkapitalregeln. So werden Kapitalabzüge „zukünftig nahezu ausschließlich vom harten Kernkapital vorgenommen“[177]. Dies wird damit begründet, dass hartes Kernkapital als erstes für die Verlustabsorption herangezogen wird. Goodwill und andere immaterielle Vermögensgegenstände sind nach den neuen Regelungen ebenso vollständig abzuziehen wie grundsätzlich aktive latente Steuern[178]. Im Ergebnis müssen die Banken für Abzüge und Korrekturen höherwertiges Eigenkapital als unter Basel II vorhalten.[179] Die folgende Tabelle gibt eine Übersicht zu den Änderungen bei den wichtigsten Abzugs- und Korrekturposten:

Wichtige Abzugs- und Korrekturposten		
Position	**Gegenwärtige Behandlung im KWG**	**Behandlung gemäß Basel III**
Goodwill und andere immaterielle Vermögensgegenstände	**Goodwill**: Abzug vom Kernkapital bei IFRS-Banken[180], aktivischer Unterschiedsbetrag für HGB-Banken[181] **Immaterielle Vermögensgegenstände:** Abzug vom Kernkapital	Vollständiger Abzug
Nicht-konsolidierte Beteiligungen innerhalb des Finanzsektors	Hälftiger Abzug vom Kern- und Ergänzungskapital, soweit bestimmte Schwellen überschritten werden	Abzug von der gleichen Kapitalklasse, in die investiert wurde, soweit Schwellenwerte überschritten werden*)
Aktive latente Steuern	Kein Abzug / keine Begrenzung	Grundsätzlich vollständiger Abzug*)
Anteile im Fremdbesitz und andere von vollkonsolidierten Tochtergesellschaften emittierte Kapitalbestandteile	Volle Zurechnung in der jeweiligen Kapitalklasse	Anrechenbar, soweit zur Abdeckung der Mindesteigenkapitalanforderungen der Tochter oder deren Beitrag zu den Kapitalanforderungen der Gruppe genutzt; Überschusskapital ist abzuziehen
*) Signifikante Beteiligungen in Form von Bestandteilen des harten Kernkapitals und aktive latente Steuern aus Bewertungsunterschieden zwischen Handels- und Steuerbilanz sind bis zu jeweils 10% des harten Kernkapitals vom Abzug freigestellt, dürfen gemeinsam aber nicht mehr als 15% des harten Kernkapitals ausmachen.		

Abb. 12: Wichtige Abzugs- und Korrekturposten

Quelle: eigene Darstellung in Anlehnung an Deutsche Bundesbank, a.a.O., 2011, S. 14

[177] Deutsche Bundesbank, a.a.O., 2011, S. 13

[178] Aktive latente Steuern sind „verborgene Steuervorteile, die sich aufgrund von Unterschieden im Ansatz und/oder in der Bewertung von Bilanzpositionen zwischen der Handelsbilanz und der Steuerbilanz ergeben und die sich in späteren Geschäftsjahren voraussichtlich abbauen.“ Ebenda, S. 39

[179] Vgl. ebenda, S. 13; Basler Ausschuss für Bankenaufsicht, a.a.O., 2011, S. 23 ff.; Thelen-Pischke/Eibl, a.a.O., S. 17

[180] Banken, die nach den International Financial Reporting Standards (IFRS) bilanzieren

[181] Banken, die nach den Vorschriften des Handelsgesetzbuches (HGB) bilanzieren

3.2.2 Quantitative Verschärfungen

3.2.2.1 Kapitalpuffer

Im vorhergehenden Kapitel wurden die verschärften Anforderungen an die Qualität des aufsichtlichen Eigenkapitals innerhalb des erforderlichen Mindesteigenkapitals in Höhe von 8% beschrieben. Sofern auf das Kernkapital abgestellt wird, könnte bereits diese Erhöhung der Kernkapitalquote als quantitative Verschärfung eingestuft werden. Darüber hinaus wird die formal weiterhin bestehende Mindesteigenkapitalquote durch die Einführung eines zusätzlichen **Kapitalerhaltungspuffers** (2,5%) sowie eines **antizyklischen Kapitalpuffers** (0-2,5%) faktisch auf bis zu 13% angehoben.[182]

Abb. 13: Quantitative Verschärfung durch Kapitalpuffer

Quelle: Bundesministerium der Finanzen: http://www.bundesfinanzministerium.de/nn_39814/DE/BMF__Startseite/Multimedia/Einfach-Erklaert/Basel-III/Basel-III-Artikel.html, Abruf am 03.03.2012

[182] Vgl. Deutsche Bundesbank, a.a.O., 2011, S. 13; Basler Ausschuss für Bankenaufsicht, a.a.O., 2011, S. 18; Hoffelner: Kreditklemme im Mittelstand: Ist Basel II dafür verantwortlich?, in: Betriebswirtschaft im Blickpunkt, 2011, S. 5, online unter: http://www.iww.de/index.cfm?pid=1314&pk=141485&spid=1296&spk=10&sfk=23

Zum besseren Verständnis der Hintergründe dieser in den bisherigen Basler Regelungen nicht enthaltenen Kapitalpolster[183] wird zunächst das so genannte **regulatorische Paradoxon** erläutert. Dieses beschreibt den Umstand, dass bei einer Erhöhung der gesetzlich vorgeschriebenen Mindesteigenkapitalquote zwar die Risiken mit mehr Eigenkapital unterlegt werden müssen, dieses jedoch nicht zur Deckung der Verluste verwendet werden darf. Ein Verbrauch des Mindesteigenkapitals würde zum Unterschreiten der Mindesteigenkapitalquote und damit zu aufsichtlichen Sanktionen bis hin zum Entzug der Bankerlaubnis führen. Um die Widerstandsfähigkeit der Banken gegen Verluste zu erhöhen, bedarf es somit eines vorgeschriebenen Puffers, dessen Abschmelzen in Krisenzeiten erlaubt sein muss.[184] Dies wird zum einen durch die Einführung des **Kapitalerhaltungspuffers** erreicht. Er besteht aus 2,5% hartem Kernkapital und dient der Vorbeugung künftiger Stressphasen im Wirtschafts- und Finanzsektor. Bei Einhaltung dieses Puffers müssen Banken somit zukünftig insgesamt 7% hartes Kernkapital vorhalten.[185] Wird der Kapitalerhaltungspuffer für Verluste aus dem laufenden Geschäftsbetrieb ganz oder teilweise in Anspruch genommen, greifen Restriktionen in Form einer Ausschüttungssperre. Die Sperre betrifft sowohl Gewinnausschüttungen als auch andere diskretionäre Zahlungen (z. B. Bonuszahlungen) und stellt somit einen Anreiz dar, den Kapitalerhaltungspuffer wieder aufzufüllen. Zudem soll die in der Finanzkrise zu beobachtende Praxis unterbunden werden, dass zur Demonstration der vermeintlichen Finanzstärke trotz Verlusten Dividenden ausgeschüttet werden.[186] Die folgende Tabelle zeigt die Abstufungen der Restriktionen bezogen auf die Inanspruchnahme des Kapitalerhaltungspuffers:

---

183 Die Begriffe Kapitalpuffer und Kapitalpolster werden synonym verwendet.

184 Vgl. Deutsche Bundesbank, a.a.O., 2011, S. 13; Basler Ausschuss für Bankenaufsicht, a.a.O., 2011, S. 3, 8

185 Vgl. Basler Ausschuss für Bankenaufsicht, a.a.O., Pressemitteilung vom 26.07.2010, S. 6; Basler Ausschuss für Bankenaufsicht: Gruppe der Zentralbankpräsidenten und Leiter der Bankenaufsichtsinstanzen gibt höhere globale Mindestkapitalanforderungen bekannt, Pressemitteilung vom 12.09.2010, S. 1, online unter: http://www.bis.org/press/p100912_de.pdf

186 Vgl. Deutsche Bundesbank, a.a.O., 2011, S. 8, 11 f.; Basler Ausschuss für Bankenaufsicht, a.a.O., Pressemitteilung vom 12.09.2010, S. 2

Höhe Kapitalerhaltungspuffer	Ausschüttungssperre (in % des Gewinns)
Kapitalerhaltungspuffer ≤ 0,625%	100%
0,625% < Kapitalerhaltungspuffer ≤ 1,25%	80%
1,25% < Kapitalerhaltungspuffer ≤ 1,875%	60%
1,875% < Kapitalerhaltungspuffer < 2,5%	40%
2,5% ≤ Kapitalerhaltungspuffer	0%

Abb. 14: Ausschüttungssperre Kapitalerhaltungspuffer

Quelle: eigene Darstellung in Anlehnung an Deutsche Bundesbank, a.a.O., 2011, S. 12; Basler Ausschuss für Bankenaufsicht: Basel III: Ein globaler Regulierungsrahmen für widerstandsfähigere Banken und Bankensysteme, 2011, S. 63, online unter: http://www.bis.org/publ/bcbs189_de.pdf

Dementsprechend ist es einer Bank mit einem Kapitalerhaltungspuffer in Höhe von 2% lediglich erlaubt, 60% ihres Gewinns auszuschütten. Bei einem Kapitalerhaltungspuffer bis zu 0,625% muss der komplette Gewinn in der Bank verbleiben.

Zum anderen wird das regulatorische Paradoxon durch den **antizyklischen Kapitalpuffer** aufgelöst. Dieser begegnet zudem der Problematik der Prozyklität bankaufsichtlicher Eigenkapitalanforderungen. Der Aufbau des antizyklischen Kapitalpuffers wird von der nationalen Aufsichtsbehörde bis zu zwölf Monate im Voraus angeordnet und beträgt zwischen 0% und 2,5% der risikogewichteten Aktiva. Er muss aus hartem Kernkapital oder „sonstigem Kapital, das eine volle Verlustabsorption gewährleistet“[187], bestehen. Die Anordnung des antizyklischen Kapitalpuffers erfolgt in Phasen eines übermäßigen Kreditwachstums oder aufgrund anderer von der jeweiligen Aufsichtsbehörde festgelegten Indikatoren.[188] Auf diese Weise soll zum einen der systemweite

[187] Basler Ausschuss für Bankenaufsicht, a.a.O., Pressemitteilung vom 12.09.2010, S. 2

[188] Als Leitlinie für den antizyklischen Kapitalpuffer wurden vom Basler Ausschuss die „Guidance for national authorities operating the countercyclical capital buffer“ erlassen. Vgl. Basel Committee on Banking Supervision: Guidance for national authorities operating the countercyclical capital buffer, 2010, online unter: http://www.bis.org/publ/bcbs187.pdf

Aufbau von Kreditrisiken im Aufschwung eingeschränkt, und zum anderen in Zeiten des Abschwungs eine ausreichende Versorgung der Wirtschaft mit Krediten gewährleisten werden. Mit anderen Worten soll die volatile Kreditvergabe, die zur Verstärkung einer Rezession führt, stabilisiert werden.[189] Die Nichteinhaltung eines angeordneten antizyklischen Kapitalpuffers führt ebenso wie die Nichteinhaltung des Kapitalerhaltungspuffers zu Restriktionen bei der Ausschüttung. Zur Berechnung der Ausschüttungssperre wird der angeordnete Kapitalpuffer den abgestuften Werten des Kapitalerhaltungspuffers hinzuaddiert.[190] Insofern ergeben sich bei einem vollständig angeordneten antizyklischen Kapitalpuffer in Höhe von 2,5% folgende Abstufungen:

Höhe gesamter Kapitalpuffer	**Ausschüttungssperre (in % des Gewinns)**
gesamter Kapitalpuffer ≤ 3,125%	100%
3,125% < gesamter Kapitalpuffer ≤ 3,75%	80%
3,75% < gesamter Kapitalpuffer ≤ 4,375%	60%
4,375% < gesamter Kapitalpuffer < 5%	40%
5% ≤ gesamter Kapitalpuffer	0%

Abb. 15: Ausschüttungssperre gesamter Kapitalpuffer

Quelle: eigene Darstellung in Anlehnung an Deutsche Bundesbank, a.a.O., 2011, S. 12; Basler Ausschuss für Bankenaufsicht, a.a.O., 2011, S. 63

Die folgende Übersicht zeigt die Ergänzung der Mindestanforderungen für die einzelnen Kapitalbestandteile durch den Kapitalerhaltungspuffer und den antizyklischen Kapitalpuffer:

[189] Vgl. Deutsche Bundesbank, a.a.O., 2011, S. 25; Basler Ausschuss für Bankenaufsicht, a.a.O., Pressemitteilung vom 12.09.2010, S. 2

[190] Vgl. Basler Ausschuss für Bankenaufsicht, a.a.O., 2011, S. 65

Eigenkapitalvorschriften und Kapitalpolster (in Prozent)

	Hartes Kernkapital (nach vorgenommenen Abzügen)	Kernkapital	Gesamtkapital
Mindestanforderung	4,5	6,0	8,0
Kapitalerhaltungspolster	2,5		
Mindestanforderung plus Kapitalerhaltungspolster	7,0	8,5	10,5
Bandbreite für das antizyklische Kapitalpolster[1]	0–2,5		

[1] Hartes Kernkapital oder sonstiges Kapital, das eine volle Verlustabsorption gewährleistet.

Abb. 16: Übersicht Kapitalquoten nach Basel III

Quelle: Basler Ausschuss für Bankenaufsicht: Gruppe der Zentralbankpräsidenten und Leiter der Bankenaufsichtsinstanzen gibt höhere globale Mindestkapitalanforderungen bekannt, Pressemitteilung vom 12.09.2010, S. 6, online unter: http://www.bis.org/press/p100912_de.pdf

<u>Beispiel für einen Unternehmenskredit in Höhe von 1 Mio. €</u> (Differenz zu Basel II)

Eigenkapitalunterlegung nach KSA bei Einhaltung der Kapitalpuffer:

AA-Unternehmen: 1.000.000 * 20% * 13% = 26.000 € (+ 10.000 €)

BBB-Unternehmen: 1.000.000 * 100% * 13% = 130.000 € (+50.000 €)

B-Unternehmen: 1.000.000 * 150% * 13% = 195.000 € (+75.000 €)

Die vollständige Einhaltung des Kapitalerhaltungspuffers sowie eines in Höhe von 2,5% angeordneten antizyklischen Kapitalpuffers vorausgesetzt, ergeben sich im Vergleich zu den Unterlegungen nach Basel II signifikant höhere Beträge. Insbesondere für Forderungen an Unternehmen mit schwächerer Bonität kommt es zu einem erheblichen Anstieg der Eigenkapitalanforderungen.

Ebenso wie bei den Regelungen zum Kern- und Ergänzungskapital gibt es auch beim Kapitalerhaltungspuffer und – sofern von der nationalen Aufsichtsbehörde angeordnet – beim antizyklischen Kapitalpuffer Übergangsvorschriften, die einen schrittweisen Aufbau vorsehen. Dieser Aufbau schließt sich zeitlich an die erforderlichen Verschiebungen innerhalb des haftenden Eigenkapitals an und beginnt somit erst mit dem Jahr 2016. Der Kapitalerhaltungspuffer ist in Schritten von jeweils 0,625% jährlich aufzubauen. Im Jahr 2019 ist ein Puffer von 2,5% erforderlich, um eine Ausschüttungssperre zu vermeiden. Der antizyklische Kapitalpuffer ist ebenfalls von 2016 bis 2019 in gleichgroßen Schritten bis zur angeordneten Höhe zu bilden. Die nachfolgende Grafik gibt einen Gesamtüberblick darüber, welche Anforderungen in den kommenden acht Jahren zu welchem Zeitpunkt eingehalten werden müssen. Dabei wird in der Grafik davon ausgegangen, dass der antizyklische Kapitalpuffer auf seinen Maximalwert von 2,5% festgelegt wurde. Bei einem entsprechenden Kreditwachstum können Staaten bereits vor dem Jahr 2019 einen schnelleren Aufbau des Puffers von ihren Banken fordern:[191]

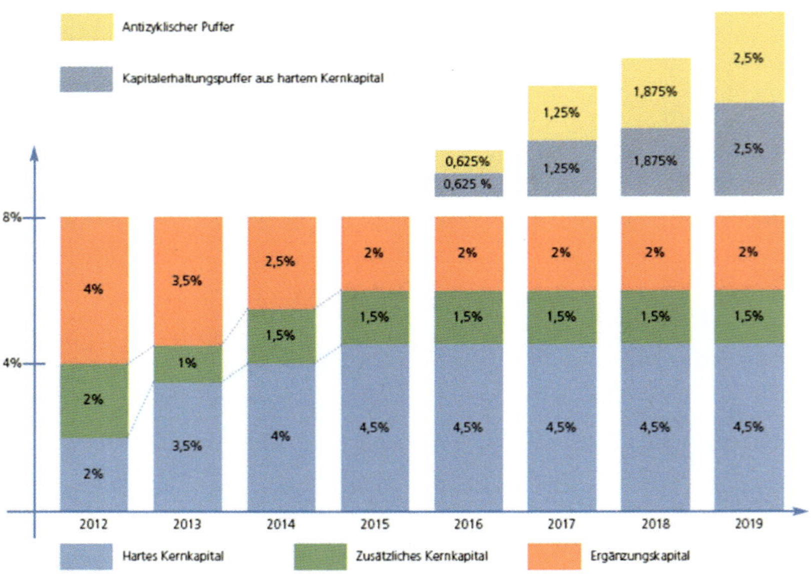

Abb. 17: Übergangsfristen inklusive Kapitalpuffer

Quelle: Deutsche Bundesbank, a.a.O., 2011, S. 19

[191] Vgl. Deutsche Bundesbank, a.a.O., 2011, S. 26

3.2.2.2 Kontrahentenrisiko

Eine weitere quantitative Verschärfung ergibt sich durch erhöhte Anforderungen an die Unterlegung des **Kontrahentenrisikos**[192]. Das Kontrahentenrisiko (Counterparty Credit Risk, CCR) beschreibt das Risiko, dass die Gegenpartei eines Geschäfts ausfällt, bevor alle mit dem Geschäft verbundenen Zahlungen geleistet wurden. Ein Verlust tritt dann ein, wenn der Marktwert der Transaktion zum Zeitpunkt des Ausfalls des Kontrahenten positiv war. Im Gegensatz zum Kreditrisiko, bei dem nur der Kreditgeber ein Risiko eingeht, ist das Kontrahentenrisiko aufgrund der möglichen Schwankungen des Marktwerts ein zweiseitiges Verlustrisiko.[193] Die Eigenkapitalanforderungen für das Kontrahentenrisiko werden auf Grundlage des so genannten erwarteten positiven Wiederbeschaffungswerts[194] ermittelt. Zur Berücksichtigung des allgemeinen Korrelationsrisikos[195] muss künftig dieser erwartete positive Wiederbeschaffungswert zusätzlich unter Stressbedingungen berechnet und bei einem schlechteren Ergebnis zur Eigenkapitalunterlegung herangezogen werden.[196]

In der Krise haben Banken beim Handel mit so genannten **OTC-Derivaten**[197] den größten Teil ihrer Verluste jedoch nicht durch Ausfall (Adressenausfallrisiko), sondern durch eine Verschlechterung der Bonität des Kontrahenten (Marktpreisrisiko) erlitten. Bei einer Verschlechterung seiner Bonität muss ein Marktteilnehmer höhere Risikoaufschläge, so genannte Credit Spreads, zahlen. Folglich sinkt der Marktwert von Derivaten, die noch zu Zeiten der besseren Bonität des Kontrahenten abgeschlossen wurden.[198] Dieses wesentliche Risiko war bislang nicht von den Basler Regelungen erfasst und wurde folglich auch nicht durch das notwendige Vorhalten von Eigenkapital begrenzt. Mit Basel III wird nun den potenziellen Marktwertverlusten durch Bonitätsverschlechterungen Rechnung getragen. Für außerbörsliche Derivate müssen Banken künftig zusätzlich zu der nach KSA oder IRBA ermittelten Eigenkapitalanforderung für den Ausfall des Kontrahenten weiteres Eigenkapital für das Verlustrisiko aufgrund des

---

[192] Das Kontrahentenrisiko wird auch als Kontrahentenausfallrisiko bezeichnet.
[193] Vgl. Basler Ausschuss für Bankenaufsicht, a.a.O., 2006, S. 288
[194] Der erwartete positive Wiederbeschaffungswert ist der „zeitgewichtete Durchschnitt der erwarteten Wiederbeschaffungswerte". Basler Ausschuss für Bankenaufsicht, a.a.O., 2006, S. 291
[195] Korrelationsrisiko: Wachsendes Risiko bei Verschlechterung der Bonität der Gegenpartei. Vgl. Basler Ausschuss für Bankenaufsicht, a.a.O., 2011, S. 4 f.
[196] Ebenda, S. 33 f.
[197] OTC steht für „Over-the-counter" und bedeutet außerhalb des organisierten Marktes. Vgl. Deutsche Bundesbank, a.a.O., 2011, S. 40
[198] In diesem Zusammenhang wird auch vom Credit Spread Risiko gesprochen.

erwarteten Kontrahentenrisikos unterlegen. Von dieser so genannten **kreditrisikobezogenen Bewertungsanpassung** (Credit Value Adjustment, CVA) dürfen lediglich OTC-Derivate, deren Abwicklung über eine zentrale Gegenpartei (Central Counterparty, CCP) erfolgt, ausgenommen werden.[199] Eine solche CCP ist als Vertragspartner beider Kontrahenten zwischengeschaltet. Auf diese Weise beschränkt sich das jeweilige Ausfallrisiko auf einen Ausfall der zentralen Gegenpartei, das erstmals mit Eigenkapital zu unterlegen ist. Durch die niedrigere Unterlegung für zentral abgewickelte Transaktionen soll ein Anreiz zur Nutzung zentraler Gegenparteien geschaffen und damit die Transparenz sowie stabile Marktinfrastrukturen gefördert werden.[200]
Eine weitere Änderung stellt der so genannte **Vermögenswertkorrelationsfaktor für große Finanzinstitute** (Asset Value Correlation, AVC) dar. Diese „weitreichende, über das eigentliche Kontrahentenrisiko hinausgehende"[201] Verschärfung betrifft IRBA-Institute und schreibt für Forderungen gegenüber beaufsichtigten Finanzinstituten ab einer Bilanzsumme von 100 Mrd. US-Dollar sowie allen nicht beaufsichtigten Finanzinstituten[202] eine Multiplikation der Korrelation mit dem Faktor 1,25 vor. Die Korrelation fließt in die Berechnung der Eigenkapitalanforderungen ein. Durch ihre Erhöhung dürften sich die Eigenkapitalanforderungen für die betroffenen Forderungen um beachtliche 35% erhöhen. Mit dem zusätzlich erforderlichen Eigenkapital soll neben dem Kontrahentenrisiko der hohen gegenseitigen Abhängigkeit von systemrelevanten Finanzinstituten begegnet werden.[203]

Die dargestellten Reformen treten zusammen mit weiteren Änderungen zur Unterlegung und zum Management des Kontrahentenrisikos 2013 in Kraft.[204]

---

[199] Ebenso dürfen so genannte Wertpapierfinanzierungsgeschäfte (Securities Financing Transactions, z. B. Repos und Reverse Repos) ausgenommen werden, sofern nicht die zuständige Aufsichtsbehörde ein erhebliches Risiko feststellt. Vgl. Basler Ausschuss für Bankenaufsicht, a.a.O., 2011, S. 35; Basler Ausschuss für Bankenaufsicht, a.a.O., 2006, S. 289
[200] Vgl. Basler Ausschuss für Bankenaufsicht, a.a.O., 2011, S. 34 f., 51 f.; Deutsche Bundesbank, a.a.O., 2011, S. 23 f., 38; BaFin, a.a.O., 2011, S. 58
[201] Deutsche Bundesbank, a.a.O., 2011, S. 23
[202] Juristische Personen mit Kerngeschäftstätigkeit in „Verwaltung finanzieller Vermögenswerte, Kreditvergabe, Factoring, Leasing, Bereitstellung von Bonitätsverbesserungen, Verbriefung, Anlagegeschäft, Depotgeschäft, zentrale Gegenpartei, Eigenhandel sowie sonstige Finanzdienstleistungen, die die Aufsichtsinstanz benennt". Basler Ausschuss für Bankenaufsicht, a.a.O., 2011, S. 44
[203] Vgl. Basler Ausschuss für Bankenaufsicht, a.a.O., 2011, S. 44; Deutsche Bundesbank, a.a.O., 2011, S. 23 f.
[204] Vgl. Basler Ausschuss für Bankenaufsicht, a.a.O., 2011, S. 33

3.3 Neue Liquiditätsregeln

Basel III führt als Ergänzung der im Jahr 2008 erlassenen Grundsätze für eine solide Steuerung und Überwachung des Liquiditätsrisikos[205] erstmals einheitliche quantitative Kennzahlen zur Stärkung der Liquidität von Banken in Krisenzeiten ein. So soll die **Liquidity Coverage Ratio**, auch Mindestliquiditätsquote genannt, die kurzfristige Widerstandsfähigkeit der Banken erhöhen, während die **Net Stable Funding Ratio**, auch als Strukturelle Liquiditätsquote bezeichnet, auf die Erhöhung der langfristigen Robustheit abzielt.[206]

Neben diesen im Folgenden näher beschriebenen zentralen Kennzahlen werden eine Reihe weiterer **Beobachtungskennzahlen** eingeführt, um das komplexe Bild über den Liquiditätsstatus einer Bank abzurunden. Diese ergänzen die quantitativen Vorgaben und beschreiben gemeinsam mit ihnen den erforderlichen Mindestumfang der vorzunehmenden Liquiditätsanalyse – basierend auf den Grundsätzen für eine solide Steuerung und Überwachung des Liquiditätsrisikos von 2008. Die Beobachtungskennzahlen untersuchen die Bereiche vertragliche Laufzeitinkongruenz, Finanzierungskonzentration, verfügbare lastenfreie Aktiva, LCR nach Währung sowie marktbezogene Überwachungsinstrumente. Für die Beobachtungskennzahlen gibt es zwar keine gesetzlich vorgeschriebenen Mindestwerte, sie sind jedoch regelmäßig der zuständigen Aufsichtsbehörde zu melden.[207] Der Basler Ausschuss arbeitet darüber hinaus an weiteren Überwachungsinstrumenten, insbesondere zu den vom LCR-Stressszenario nicht erfassten Innertagesliquiditätsrisiken.[208]

3.3.1 Liquidity Coverage Ratio (LCR)

Die **Liquidity Coverage Ratio (LCR)** stellt die Versorgung der Banken mit ausreichend erstklassigen liquiden Aktiva sicher, um die kurzfristige Widerstandskraft gegenüber potenziellen Liquiditätsstörungen zu erhöhen. Auf diese Weise soll akuten Stresssituationen von bis zu 30 Tagen begegnet werden. Das für diese Zwecke vom

---

[205] Vgl. Kapitel 2.2, Liquiditätsregeln vor Basel III

[206] Basler Ausschuss für Bankenaufsicht, a.a.O., 2010, S. 1 f.

[207] Vgl. Deutsche Bundesbank, a.a.O., 2011, S. 32 f.; Basler Ausschuss für Bankenaufsicht, a.a.O., 2011, S. 11 f.

[208] Vgl. Basler Ausschuss für Bankenaufsicht, a.a.O., 2010, S. 8, 35

Basler Ausschuss konzipierte, auf den Verhältnissen der Finanzkrise 2007 basierende Stressszenario berücksichtigt sowohl institutsspezifische als auch systemweite Schocks. Unter anderem liegen diesem Szenario die Annahme einer erheblichen Ratingherabstufung der Bank, einem teilweisen Verlust der Einlagen bei der Bank sowie eine hohe Inanspruchnahme zugesagter Liquiditäts- und Kreditlinien zugrunde.[209] Erwartete Zahlungseingänge dürfen maximal in Höhe von 75% der erwarteten Zahlungsabgänge berücksichtigt werden. Dem so ermittelten Nettoabfluss von Barmitteln muss ein erstklassiger Liquiditätspuffer in mindestens gleicher Höhe gegenüber stehen:

$$\frac{\text{Bestand an erstklassigen liquiden Aktiva}}{\text{Gesamter Nettoabfluss von Barmitteln in den nächsten 30 Kalendertagen}} \geq 100\%$$

Abb. 18: LCR

Quelle: Basler Ausschuss für Bankenaufsicht: Basel III: Internationale Rahmenvereinbarung über Messung, Standards und Überwachung in Bezug auf das Liquiditätsrisiko, Basel 2010, S. 4, online unter: http://www.bis.org/publ/bcbs188_de.pdf

Liquide Aktiva gelten dann als erstklassig, wenn sie selbst in angespannten Zeiten problemlos zur Liquiditätsbeschaffung verwendet werden können. Im Gegensatz dazu können Aktiva geringerer Qualität in Zeiten angespannter Märkte nur mit großen Abschlägen verkauft werden. Ein derartiger Verkauf würde zudem das Vertrauen in die Bank erschüttern und auch den Druck auf die Liquiditätsposition ähnlicher Banken verstärken. Durch weitere Notverkäufe würden die Preise weiter sinken, bis es schließlich keinen Markt mehr für Aktiva geringerer Qualität gäbe.[210] Aus diesem Grund können nur erstklassige liquide Aktiva die Zahlungsfähigkeit einer Bank im Stressfall gewährleisten. Die Bestandteile des Liquiditätspuffers sollten „lastenfrei, in Stresszeiten marktliquide und im Idealfall notenbankfähig“[211] sein. Neben Barmitteln und Zentralbankguthaben kommen hierfür insbesondere Schuldtitel öffentlicher Emittenten infrage (**Stufe-1-Aktiva**). Zusätzlich darf der Liquiditätspuffer bis zu 40% so genannte **Stufe-2-Aktiva** enthalten.[212] Diese bestehen aus ungedeckten Unternehmensanleihen (keine

[209] Vgl. ebenda, S. 10 f.
[210] Vgl. Basler Ausschuss für Bankenaufsicht, a.a.O., 2010, S. 6 f.; Heider, a.a.O., S. 234 f.
[211] Vgl. Basler Ausschuss für Bankenaufsicht, a.a.O., 2011, S. 11
[212] Stufe-2-Aktiva können somit max. in Höhe von 2/3 der Stufe-1-Aktiva angerechnet werden. Vgl. nachfolgendes Beispiel

Finanzinstitute) und Pfandbriefen privater Emittenten und sollen in Bezug auf Wertbeständigkeit und Marktfähigkeit mit öffentlichen Schuldtiteln vergleichbar sein.[213] Aus diesem Grund fallen unter die Stufe-2-Aktiva keine emittierten Anleihen von Finanzinstituten bzw. mit ihnen verbundenen Unternehmen. Diese wären in Zeiten angespannter Liquidität im Bankensektor wenig liquide. Von den Marktwerten der Stufe-2-Aktiva ist ein Abschlag von mindestens 15% vorzunehmen.[214]

Bei Einhaltung der LCR entsteht in Stresszeiten ein zeitlicher Puffer von mindestens 30 Tagen, in denen seitens der Geschäftsleitung bzw. der Bankenaufsicht angemessene Maßnahmen zur Abhilfe ergriffen werden können und/oder eine geordnete Liquidation möglich ist.[215]

Die Berechnung der Kennzahl soll in einem Beispiel veranschaulicht werden:

Die Bilanz des **Bankhauses Rhein-Ahr** weist zum Monatsende folgende für die Berechnung der LCR relevante Positionen auf. Die Spalten „LCR“ geben die jeweiligen Gewichtungsfaktoren an, mit denen die Positionen bei der Berechnung der Kennzahl berücksichtigt werden.[216]

[213] Vgl. Deutsche Bundesbank, a.a.O., 2011, S. 31; Basler Ausschuss für Bankenaufsicht, a.a.O., 2010, S. 9 f.

[214] Vgl. Basler Ausschuss für Bankenaufsicht, a.a.O., 2010, S. 6, 10. Der Abschlag wird durch eine Gewichtung der betroffenen Aktiva mit 85% erreicht. Vgl. nachfolgendes Beispiel

[215] Vgl. ebenda, S. 4, 13, 25

[216] Vgl. ebenda, S. 46 ff.

LCR	Liquide Aktiva	€[217]	Liquide Passiva	€	LCR
Stufe-1:			**Abflüsse von Barmitteln:**		
100%	Barreserve	20.000	(stabile) Einlagen von Privatkunden	4.200.000	**5%**
100%	Schuldtitel öffentlicher Stellen	900.000	(weniger stabile) Einlagen von Privatkunden	1.700.000	**10%**
Stufe-2:			Einlagen juristischer Personen mit operativen Geschäftsbeziehungen	5.500.000	**25%**
85%	Titel von Staaten, Zentralbanken und sonstigen öffentlichen Stellen mit einem Risikogewicht von 20%	600.000	Bereitgestellte Finanzmittel von Nichtfinanzunternehmen	1.200.000	**75%**
85%	Anrechenbare Unternehmensanleihen mit einem Rating von AA– oder höher	950.000	Finanzmittel sonstiger juristischer Personen	800.000	**100%**
Zuflüsse von Barmitteln:			Besicherte Finanzierungen, die mit Aktiva der Stufe 2 unterlegt sind	1.500.000	**15%**
50%	Forderungen gegenüber Privatkunden	3.200.000	zugesagte Liquiditätslinien an Nichtfinanzunternehmen	500.000	**100%**
100%	Forderungen gegenüber Finanzinstituten[218]	1.500.000			

Abb. 19: Beispielfall LCR

Quelle: eigene Darstellung

[217] Der 30-Tage-Zeitraum wurde bei den Beträgen berücksichtigt.

[218] ohne operative Einlagen, Reverse-Repo- und Wertpapierleihgeschäfte, Kredit- oder Liquiditätsfazilitäten

Berechnung der LCR:

Stufe-1-Aktiva: 100%*20.000 + 100%*900.000 = 920.000

Stufe-2-Aktiva: 85%*600.000 + 85%*950.000 = 1.317.500

Höchstgrenze für Stufe-2-Aktiva: 2/3*920.000 = 613.333

Bestand erstklassige Aktiva: 920.000 +613.333 = 1.513.333

Gesamtabfluss von Barmitteln: 5%*4.200.000 + 10%*1.700.000 + 25%*5.500.000 + 75%*1.200.000 + 100%*800.000 + 15%*1.500.000 + 100%*500.000 = 4.180.000

Gesamtzufluss von Barmitteln: 50%*3.200.000 + 100%*1.500.000 = 3.100.000

Maximal anrechenbarer Zufluss von Barmitteln: 75%*4.180.000 = 3.135.000

Nettoabfluss von Barmitteln: 4.180.000 - 3.100.000 = 1.080.000

LCR: 1.513.333 / 1.080.000 = 140,12%

Die LCR des Bankhauses Rhein-Ahr beträgt für das Monatsende 140,12%. Somit wird die Kennzahl regulatorisch eingehalten.

Im Vergleich der LCR mit der bisher in Deutschland von den Banken zu meldenden Liquiditätskennziffer nach der LiqV lässt sich feststellen, dass bei beiden Kennzahlen kurzfristig liquidierbare Aktiva ins Verhältnis zu kurzfristigen Liquiditätsabflüssen gesetzt werden. Auch ist der Zeithorizont von einem Monat identisch. Bei der Berechnung des Quotienten sind jedoch einige Unterschiede zu beachten. So geht die LiqV von einem Normalszenario aus, während die LCR die jederzeitige Zahlungsfähigkeit in einem Stressszenario fordert. Ferner wird bei der LCR durch die Einbeziehung von außerbilanziellen Positionen ein weiterer Schwachpunkt der LiqV-Liquiditätskennziffer behoben. Eine vergleichbare Regelung zur fortschrittlichen Öffnungsklausel nach § 10 LiqV zur Nutzung institutseigener Risikomess- und -steuerungsverfahren ist in den neuen Regelungen nach Basel III hingegen nicht vorgesehen.[219] Zudem weist die LCR das Manko auf, dass sie einerseits eine Vorsorge für den Stressfall darstellt, andererseits

[219] Vgl. Brzenk/Cluse/Leonhardt, a.a.O., S. 13

auch in Stresszeiten stets eingehalten werden muss. Eine mit dem Kapitalpuffer vergleichbare Inanspruchnahme in Krisenzeiten ist insofern nicht vorgesehen.[220]

Die LCR muss mindestens monatlich an die zuständige Aufsichtsbehörde gemeldet werden, in Stresssituationen nach Ermessen der Aufsicht auch wöchentlich oder täglich. Unabhängig vom Meldeturnus sollte sie kontinuierlich eingehalten und für die Steuerung des Liquiditätsrisikos verwendet werden.[221] Verbindlich einzuhalten ist die LCR ab dem 01.01.2015. Bis dahin sollen im so genannten Beobachtungszeitraum die genauen Anrechnungskriterien für die Stufe-2-Aktiva festgelegt werden.[222] Hierbei ist darauf zu achten, dass keine hochwertigen privaten Schuldtitel faktisch ausgeschlossen werden.[223] Ziel der qualitativen und quantitativen Kriterien soll vielmehr eine Loslösung vom Rating als alleinigem Kriterium für die Liquidität sein.[224] Ferner soll die Angemessenheit der 40%-Grenze für Stufe-2-Aktiva überprüft werden. Nicht zuletzt vor dem Hintergrund der Staatsschuldenkrise wird derzeit vom Basler Ausschuss über eine Erhöhung der umstrittenen maximalen Anrechnungshöhe nachgedacht.[225]

Neben dieser aufsichtlichen Mindestanforderung müssen die Banken eigene, auf ihre spezielle Geschäftstätigkeit abgestimmte Stresstests durchführen, die über den Zeithorizont der LCR hinausgehen. Auf diese Weise soll die erforderliche Liquidität oberhalb des gesetzlich vorgeschriebenen Minimums ermittelt werden. Die Ergebnisse der zusätzlichen Stresstests sind der zuständigen Aufsichtsbehörde mitzuteilen.[226]

---

[220] Vgl. Heidorn/Schmaltz/Schröter: Auswirkungen der neuen Basel-III-Kennzahlen auf die Liquiditätssteuerung: Liquidity Coverage Ratio, in: Zeitschrift für das gesamte Kreditwesen, 2011, S. 36

[221] Vgl. Basler Ausschuss für Bankenaufsicht, a.a.O., 2010, S. 43

[222] Vgl. Deutsche Bundesbank, a.a.O., 2011, S. 31

[223] Vgl. Deutsche Bundesbank: Group of Governors of Centralbanks and Heads of Supervisions (GHoS) einigen sich auf höhere Mindestkapitalanforderungen, Pressenotiz vom 13.09.2010, S. 1, online unter: http://www.bundesbank.de/download/presse/pressenotizen/2010/20100913.mindestkapitalanforderungen.php

[224] Vgl. Basler Ausschuss für Bankenaufsicht, a.a.O., 2010, S. 11

[225] Vgl. Neubacher: Basel überdenkt Sonderstatus von Staatsanleihen, in: Börsen-Zeitung, 07.12.2011, S. 3; Zentraler Kreditausschuss: Stellungnahme des Zentralen Kreditausschusses zum Konsultationspapier des Basler Ausschusses „International Framework for liquidity risk measurement, standards and monitoring", 2010, S. 7, online unter: http://www.zka-online.de/uploads/media/ZKA-Stellungnahme_zu_BCBS_165_-_final.pdf

[226] Vgl. Basler Ausschuss für Bankenaufsicht, a.a.O., 2010, S. 5

3.3.2 Net Stable Funding Ratio (NSFR)

Neben der Anfälligkeit gegenüber kurzfristigen Liquiditätsstörungen wurden in der Krise teilweise besonders ausgeprägte Fristeninkongruenzen zwischen dem Aktivgeschäft und der Refinanzierung beobachtet. Unter Fristeninkongruenz wird das „Auseinanderfallen der durchschnittlichen (Rest-)Laufzeiten der Aktiv- und Passivpositionen in der Bankbilanz“[227] verstanden. Aus Liquiditätsgesichtspunkten ist eine Inkongruenz problematisch, wenn länger laufenden Aktivpositionen kurzfristig refinanziert werden. Zur Förderung der langfristigen Widerstandskraft der Banken wird durch Basel III mit der **Net Stable Funding Ratio (NSFR)** eine weitere verbindliche Liquiditätskennzahl eingeführt.[228] Ihr Grundgedanke basiert auf der goldenen Bankregel, nach der Vermögensgegenstände fristenkongruent zu refinanzieren sind. Allerdings steht neben der effektiven Restlaufzeit auch die Stabilität der Refinanzierungsquellen im Fokus.[229] Ziel der NSFR ist es, die Refinanzierung von Banken auf eine stabile längerfristige Basis zu stellen und damit einer übermäßigen Abhängigkeit von kurzfristigen Finanzmitteln zu begegnen. Ferner soll eine solidere Einschätzung der Liquiditätsrisiken aller bilanziellen und außerbilanziellen Positionen gefördert werden.[230] Zu diesem Zweck fordert die NSFR von den Banken, dass über einen einjährigen Zeithorizont „die Summe der gemäß ihrer dauerhaften Verfügbarkeit gewichteten Passiva (tatsächliche stabile Refinanzierung) mindestens der Summe der nach ihrer Liquiditätsnähe gewichteten Aktiva zuzüglich des mittelfristigen Finanzierungsbedarfs aus außerbilanziellen Positionen (erforderliche stabile Refinanzierung)“[231] beträgt. Somit ergibt sich folgende Formel:

$$\frac{\text{Verfügbarer Betrag stabiler Refinanzierung}}{\text{Erforderlicher Betrag stabiler Refinanzierung}} > 100\%$$

Abb. 20: NSFR

Quelle: Basler Ausschuss für Bankenaufsicht, a.a.O., 2010, S. 28

Nachfolgend wird die Berechnung der Kennzahl in einer Beispielrechnung aufgezeigt:

[227] Deutsche Bundesbank, a.a.O., 2011, S. 39
[228] Vgl. ebenda, S. 32
[229] Vgl. Brzenk/Cluse/Leonhardt, a.a.O., S. 14
[230] Vgl. Basler Ausschuss für Bankenaufsicht, a.a.O., 2010, S. 28
[231] Deutsche Bundesbank, a.a.O., 2011, S. 32

Die Bilanz der **Exakt Bank AG** weist zum Monatsende folgende erforderliche bzw. verfügbare stabile Refinanzierung auf. Die Spalten „NSFR“ geben die jeweiligen Gewichtungsfaktoren an, mit denen die Positionen bei der Berechnung der Kennzahl berücksichtigt werden.[232]

NSFR	Aktiva	€	Passiva	€	NSFR
Erforderliche stabile Refinanzierung			**Verfügbare stabile Refinanzierung**		
0%	- Barmittel - Wertpapiere mit Restlaufzeit < 1 Jahr - Nicht erneuerbare Kredite an Finanzinstitute mit Restlaufzeit < 1 Jahr	1.300.000	- Eigenkapital - Sonstige Passiva mit effektiver Restlaufzeit ≥ 1 Jahr	4.100.000	**100%**
5%	staatliche Schuldtitel, mit einem KSA-Risikogewicht von 0%	400.000	Stabile Einlagen von Privatkunden und Kleinunternehmen	650.000	**90%**
20%	Nichtfinanzunternehmensanleihen und gedeckte Schuldverschreibungen mit einem Rating von mindestens AA–, Restlaufzeit ≥ 1 Jahr	3.400.000	Weniger stabile Einlagen von Privatkunden und Kleinunternehmen	300.000	**80%**
50%	- Gold - Kredite an Nichtfinanzunternehmen mit Restlaufzeit < 1 Jahr	2.800.000	Großkundenmittel von Nichtfinanzunternehmen	850.000	**50%**
85%	Sonstige Kredite an Privatkunden und Kleinunternehmen mit Restlaufzeit < 1 Jahr	3.900.000	Alle übrigen Passiva	5.450.000	**0%**
Außerbilanzielle Positionen					
5%	Nicht beanspruchter Betrag fest zugesagter Kredit- und Liquiditätsfazilitäten	300.000			

Abb. 21: Beispielfall NSFR

Quelle: eigene Darstellung

[232] Vgl. Basler Ausschuss für Bankenaufsicht, a.a.O., 2010, S. 51 f.

Berechnung der NSFR:

Verfügbarer Betrag stabiler Refinanzierung: 100%*4.100.000 + 90%*650.000 + 80%*300.000 + 50%*850.000 + 0%*5.450.000 = 5.350.000
Erforderlicher Betrag stabiler Refinanzierung: 0%*1.300.000 + 5%*400.000 + 20%*3.400.000 + 50%*2.800.000 + 85%*3.900.000 + 5%*300.000 = 5.430.000
NSFR: 5.350.000/5.430.000 = 98,53%

Die NSFR der Exakt Bank AG beträgt für das Monatsende 98,53%. Somit wird die Kennzahl knapp unterschritten. Es besteht zusätzlicher Bedarf an stabiler langfristiger Refinanzierung. Dieser Bedarf könnte beispielsweise durch zusätzliches Eigenkapital in Höhe von (mindestens) 80.000 € gedeckt werden.

Die NSFR wirkt Anreizen entgegen, kurzfristige liquide Aktiva mit Finanzmitteln zu refinanzieren, die „gerade außerhalb des 30-Tage-Zeithorizonts des LCR-Standards"[233] liegen. In einem solchen Fall würde bei länger anhaltenden Stressphasen die Zahlungsunfähigkeit eines Instituts bloß hinausgezögert. Durch eine ausgewogene Fristenstruktur von Aktiv- und Passivseite, wie sie die NSFR verlangt, können getroffene Gegenmaßnahmen mittelfristig wirksam werden. Insofern stellt die NSFR einen wichtigen Gegenpart zur kurzfristig orientierten LCR dar.[234]

Im bisherigen deutschen Aufsichtsrecht findet sich keine Entsprechung zur mindestens quartalsweise zu berechnenden und der Aufsichtsbehörde zu meldenden NSFR, die – anders als die LCR – erst zum 01.01.2018 in Kraft treten wird. Bis dahin sind noch offene Punkte, insbesondere die genauen Abstufungen der Gewichtungen für die einzelnen Bilanzpositionen, zu klären.[235] Zudem soll sichergestellt werden, dass es durch die NSFR zu keiner negativen Beeinflussung längerfristig orientierter Kreditbeziehungen kommt, die sich in der Krise als Stabilisierungsfaktor erwiesen haben.[236]

[233] Basler Ausschuss für Bankenaufsicht, a.a.O., 2010, S. 28
[234] Vgl. Deutsche Bundesbank, a.a.O., 2011, S. 31; Basler Ausschuss für Bankenaufsicht, a.a.O., 2010, S. 28
[235] Vgl. Deutsche Bundesbank, a.a.O., 2011, S. 3, 32; Basler Ausschuss für Bankenaufsicht, a.a.O., 2010, S. 43; Brzenk/Cluse/Leonhardt, a.a.O., S. 14
[236] Vgl. Deutsche Bundesbank, a.a.O., Pressenotiz vom 13.09.2010, S. 1

3.4 Leverage Ratio

Im Bankensystem hatte sich in den Vorkrisenjahren eine übermäßige bilanzielle und außerbilanzielle Verschuldung aufgebaut. Auf dem Höhepunkt der Krise zwang der Markt die Banken, kurzfristig umfangreiche Aktiva abzubauen, was den Abwärtsdruck auf die Preise weiter verstärkte. Die hierdurch entstandenen Verluste verminderten das Eigenkapital der Banken und verschärften die Krise erheblich. Durch Schwächen in der Risikomessung komplexer Produkte sowie Auslagerung der Risiken auf Zweckgesellschaften hatte sich die Entwicklung der zunehmenden Verschuldung in den risikogewichteten aufsichtlichen Kennzahlen nicht bemerkbar gemacht. Aus diesem Grund wird mit Basel III ergänzend zu den risikobasierten Eigenkapitalanforderungen eine risikounabhängige Höchstverschuldungsquote, die so genannte **Leverage Ratio (LR)**, eingeführt. Diese soll die Verschuldung der Banken einschränken und so einem Schuldenabbau in der Krise mit seinen destabilisierenden Folgen entgegen wirken. Ferner sollen die risikobasierten Anforderungen durch die LR als einfaches und transparentes Korrektiv gestärkt werden. Die Kennzahl berechnet sich aus dem Verhältnis des regulatorischen Kernkapitals zu den nicht risikogewichteten Aktiva[237] zuzüglich außerbilanzieller Geschäfte:[238]

$$\frac{\text{Kernkapital}}{\text{bilanzielle Aktiva} + \text{außerbilanzielle Geschäfte}} \geq 3\%$$

Abb. 22: Leverage Ratio

Quelle: eigene Darstellung

Die Berechnung der LR lässt sich anhand eines Beispiels veranschaulichen:

Die **Averso Bank AG** ist 100%ige Tochter eines großen internationalen Elektroherstellers. Aufgrund der finanziellen Absicherung durch die Muttergesellschaft hat die Averso Bank ein Rating von AAA. Das gute Rating bedeutet für die Averso Bank eine preisgünstige Refinanzierung, die es wiederum ermöglicht, einen hohen Betrag auf Konten inländischer Kreditinstitute zu halten, um die jederzeitige Zahlungsfähigkeit der

[237] Bei der Berechnung des Nenners müssen Posten, die vollständig vom Kernkapital abzusetzen sind (Abzugsposten vom Kernkapital) herausgerechnet werden.

[238] Vgl. Basler Ausschuss für Bankenaufsicht, a.a.O., 2010, S. 68 f.; Deutsche Bundesbank, a.a.O., 2011, S. 28

Muttergesellschaft zu gewährleisten. Die überschüssigen Mittel sollen vom Vorstand der Bank mit möglichst geringem Risiko angelegt werden. Aus diesem Grund investiert die Averso Bank überwiegend in Staatsanleihen sowie Unternehmensanleihen mit einem Mindestrating von AA. Die Bilanz der Averso Bank zum Jahresende sieht folgendermaßen aus:

Bilanz der Averso Bank zum 31.12. (Beträge in Tsd. €)

Aktiva			**Passiva**
1. Barreserve	24	1. Verbindlichkeiten gegenüber Kreditinstituten	26.700
2. Schuldtitel öffentlicher Stellen und Wechsel, die zur Refinanzierung bei Zentralnotenbanken zugelassen sind		2. Verbindlichkeiten gegenüber Kunden	8.100
a) Schatzwechsel und unverzinsliche Schatzanweisungen sowie ähnliche Schuldtitel öffentlicher Stellen: darunter: bei der Deutschen Bundesbank refinanzierbar 310 Tsd. Euro	310	3. Verbriefte Verbindlichkeiten	
		a) begebene Schuldverschreibungen	9.900
		b) andere verbriefte Verbindlichkeiten darunter: Geldmarktpapiere 2.600 Tsd. Euro	2.600
		4. Sonstige Verbindlichkeiten	500
3. Forderungen an Kreditinstitute	20.800	5 Rechnungsabgrenzungsposten	55
4. Forderungen an Kunden	8.500	6. Rückstellungen	
5. Schuldverschreibungen und andere festverzinsliche Wertpapiere		a) Rückstellungen für Pensionen und ähnliche Verpflichtungen	12
a) Geldmarktpapiere	1.050	7. Nachrangige Verbindlichkeiten darunter: vor Ablauf von zwei Jahren fällig 1.200 Tsd. Euro	3.600
b) Anleihen und Schuldverschreibungen			
ba) von öffentlichen Emittenten darunter: beleihbar bei der Deutschen Bundesbank 8.150 Tsd. Euro	8.150	8. Fonds für allgemeine Bankrisiken	800
bb) von anderen Emittenten darunter: beleihbar bei der Deutschen Bundesbank 8.200 Tsd. Euro	12.100	9. Eigenkapital	
		a) gezeichnetes Kapital	4.200
		b) Kapitalrücklage	300
6. Aktien und andere nicht festverzinsliche Wertpapiere	1.500	c) Gewinnrücklagen	100
		d) Bilanzgewinn/Bilanzverlust	63
7. Beteiligungen	300		
8. Anteile an verbundenen Unternehmen	25		
10. Immaterielle Anlagewerte	50		
11. Sachanlagen	4.000		
12. Sonstige Vermögensgegenstände	100		
13. Rechnungsabgrenzungsposten	21		
Summe der Aktiva	**56.930**	**Summe der Passiva**	**56.930**
		1. Eventualverbindlichkeiten	
		a) Verbindlichkeiten aus Bürgschaften und Gewährleistungsverträgen	900
		2. Andere Verpflichtungen	
		a) Unwiderrufliche Kreditzusagen	350

Abb. 23: Beispielfall Leverage Ratio

Quelle: eigene Darstellung

Es bestehen kündbare Kreditzusagen in Höhe von 200 Tsd. €. Der Abzugsposten vom harten Kernkapital beträgt 900 Tsd. €. Vorzugsaktien werden keine ausgegeben. Für die Berechnung der LR zum Jahresende wird das harte Kernkapital ins Verhältnis zu den bilanziellen Aktiva zuzüglich der außerbilanziellen Geschäfte gesetzt. Kündbare Kreditzusagen werden mit einem Gewichtungsfaktor von 10% angerechnet:[239]

Hartes Kernkapital: 800 (Fonds für allgemeine Bankrisiken) + 4.200 (gezeichnetes Kapital) + 300 (Kapitalrücklage) + 100 (Gewinnrücklage) + 63 (Bilanzgewinn) – 900 (Abzugsposten) = 4.563

Bilanzielle Aktiva zuzüglich außerbilanzielle Geschäfte: 56.930 + 1.250 + 10%*200 – 900 (Abzugsposten) = 57.300

LR: 4.563 / 57.300 = 7,96%

Die LR wird quartalsweise aus dem Durchschnitt der monatlichen Quoten berechnet.[240] Dies soll eine Manipulation durch gezielte Geschäfte zum Quartalsende vermeiden. Ab dem 01.01.2013 wird in einer Beobachtungsphase eine Mindestquote von 3% getestet. In dieser Phase sollen die Entwicklung der Kennzahl im Verhältnis zu den risikoadjustierten Kennzahlen sowie die Auswirkungen einer Verwendung des gesamten regulatorischen Eigenkapitals anstelle des harten Kernkapitals überprüft werden. Nach Auswertung und Einarbeitung der Ergebnisse aus der Beobachtungsphase soll die LR zum 01.01.2018 als quantitative Anforderung in die Säule 1 integriert werden.[241]

Die Installation einer risikounabhängigen Höchstverschuldungsquote ist jedoch umstritten. Dem Grundsatz von Basel II, wonach niedrige Risiken mit niedrigen Kapitalanforderungen einhergehen sollen, wird mit der LR nicht gefolgt. Risikoarme aber voluminöse Geschäftstätigkeiten bedeuten eine schlechtere Kennziffer als Produkte mit einem großen Hebel.[242] Dies kann anhand eines Vergleichs verdeutlicht werden:

Die **Riesgo Bank AG** weist eine exakt gleiche Eigenkapitalausstattung wie die in derselben Region ansässige Averso Bank AG auf. Im Gegensatz zur Averso Bank ist

[239] Vgl. Basler Ausschuss für Bankenaufsicht, a.a.O., 2011, S. 71
[240] Im vorangegangenen Beispiel wurde die LR lediglich für den Monat Dezember berechnet.
[241] Vgl. Basler Ausschuss für Bankenaufsicht, a.a.O., 2010, S. 71 f.; Deutsche Bundesbank, a.a.O., 2011, S. 28
[242] Vgl. Deutsche Bundesbank, a.a.O., 2011, S. 28; Gaumert/Götz/Ortgies, a.a.O., S. 5

die Riesgo Bank jedoch nicht in einen Konzern eingebunden und wird mit A geratet. Aufgrund der vergleichsweise hohen Refinanzierungskosten wird nicht mehr Fremdkapital aufgenommen als notwendig. Aus Reputationsgründen soll ein Gewinn in Höhe des Gewinns der Averso Bank ausgewiesen werden. Somit muss mit höheren Refinanzierungskosten und geringerem Volumen ein gleich hoher Gewinn erwirtschaftet werden. Zu diesem Zweck investiert die Riesgo Bank vornehmlich in Aktien sowie strukturierte Produkte[243]. Im Vergleich zur Averso Bank weist die Riesgo Bank damit eine geringere Bilanzsumme und gleichzeitig höhere Bestände in Aktien sowie Anleihen und Schuldverschreibungen nicht öffentlicher Emittenten auf:

Bilanz der Riesgo Bank zum 31.12. (Angaben in Tsd. €)

Aktiva			**Passiva**
1. Barreserve	24	1. Verbindlichkeiten gegenüber Kreditinstituten	12.700
2. Schuldtitel öffentlicher Stellen und Wechsel, die zur Refinanzierung bei Zentralnotenbanken zugelassen sind		2. Verbindlichkeiten gegenüber Kunden	8.100
a) Schatzwechsel und unverzinsliche Schatzanweisungen sowie ähnliche Schuldtitel öffentlicher Stellen: darunter: bei der Deutschen Bundesbank refinanzierbar 310 Tsd. Euro	310	3. Verbriefte Verbindlichkeiten	
		a) begebene Schuldverschreibungen	5.000
		b) andere verbriefte Verbindlichkeiten darunter: Geldmarktpapiere 2.600 Tsd. Euro	2.600
		4. Sonstige Verbindlichkeiten	200
3. Forderungen an Kreditinstitute	2.600	5 Rechnungsabgrenzungsposten	55
4. Forderungen an Kunden	4.500	6. Rückstellungen	
5. Schuldverschreibungen und andere festverzinsliche Wertpapiere		a) Rückstellungen für Pensionen und ähnliche Verpflichtungen	12
a) Geldmarktpapiere	1.050	7. Nachrangige Verbindlichkeiten darunter: vor Ablauf von zwei Jahren fällig 1.200 Tsd. Euro	3.600
b) Anleihen und Schuldverschreibungen			
ba) von öffentlichen Emittenten darunter: beleihbar bei der Deutschen Bundesbank 8.150 Tsd. Euro	1.150	8. Fonds für allgemeine Bankrisiken	800
bb) von anderen Emittenten darunter: beleihbar bei der Deutschen Bundesbank 8.200 Tsd. Euro	18.100	9. Eigenkapital	
		a) gezeichnetes Kapital	4.200
		b) Kapitalrücklage	300
6. Aktien und andere nicht festverzinsliche Wertpapiere	4.500	c) Gewinnrücklagen	100
		d) Bilanzgewinn/Bilanzverlust	63
7. Beteiligungen	300		
8. Anteile an verbundenen Unternehmen	25		
10. Immaterielle Anlagewerte	50		
11. Sachanlagen	5.000		
12. Sonstige Vermögensgegenstände	100		
13. Rechnungsabgrenzungsposten	21		
Summe der Aktiva	**37.730**	**Summe der Passiva**	**37.730**

[243] Hierunter fallen beispielsweise Asset Backed Securities (ABS) und Collateralized Debt Obligations (CDO)

	1. Eventualverbindlichkeiten a) Verbindlichkeiten aus Bürgschaften und Gewährleistungsverträgen 2. Andere Verpflichtungen a) Unwiderrufliche Kreditzusagen	900 350

Abb. 24: Vergleichsfall Leverage Ratio

Quelle: eigene Darstellung

Kündbare Kreditzusagen und Abzugsposten entsprechen denen der Averso Bank. Es werden ebenfalls keine Vorzugsaktien ausgegeben. Die LR berechnet sich wie folgt:

Hartes Kernkapital: 4.563 (siehe Averso Bank)

Bilanzielle Aktiva zuzüglich außerbilanzielle Geschäfte: 37.730 + 1.250 + 10%*200 – 900 (Abzugsposten) = 38.100

LR: 4.563 / 38.100 = 11,98%

Es wird deutlich, dass die Riesgo Bank wesentlich größere Risiken eingeht als die Averso Bank. Dennoch erzielt sie einen erheblich besseren Wert bei der LR, da sie ihren Gewinn mit einem geringeren Fremdkapitaleinsatz erwirtschaftet.

Die Bedenken gegenüber einer risikounabhängigen Kennzahl spiegeln sich auch in einer Stellungnahme des ZKA vom 16.04.2010 wider: „Pauschale Bemessungen – wie z. B. die Einführung einer Leverage Ratio – haben aufgrund der damit verbundenen Fehlanreize und Kapitalarbitragemöglichkeiten keinen Platz in einem künftigen Kapitalregime und bergen die Gefahr, dass die risikosensitiven Regeln von Basel II außer Kraft gesetzt werden.“ [244]

Unter dem Strich kann die LR die ihr vom Basler Ausschuss zugedachte Rolle einer strengen Nebenbedingung als Ergänzung zu den risikoorientierten Kennzahlen schlichtweg nicht erfüllen. Abhängig von der festgelegten Mindestquote ist die LR entweder unwirksam und damit überflüssig – oder sie setzt als begrenzender Engpassfaktor die risikobasierten Kennzahlen außer Kraft.[245]

Darüber hinaus führen unterschiedliche Vorschriften der verschiedenen Rechnungslegungsstandards zu einer Ungleichbehandlung. So lässt beispielsweise eine Bilanzierung

[244] Zentraler Kreditausschuss: Stellungnahme des Zentralen Kreditausschusses zum Konsultationspapier des Basler Ausschusses „Strengthening the Resilience of the Banking Sector“, 2010, S. 2

[245] Vgl. ebenda, S. 33

nach den US-amerikanischen Rechnungslegungvorschriften (United States Generally Accepted Accounting Principles, US GAAP) ein deutlich umfangreicheres Netting zu als die internationalen Rechnungslegungsstandards IFRS, so dass mehr Positionen verrechnet werden können. Auf diese Weise verringert sich im Ergebnis das Bilanzvolumen, was eine höhere LR zur Folge hat.[246] Die Deutsche Bundesbank empfiehlt für das Jahr 2017 eine kritische Überprüfung, ob die LR tatsächlich ein exzessives Kreditwachstum im Aufschwung verhindert, ohne zugleich eine dauerhaft bindende Restriktion verglichen mit den risikoorientierten Kapitalanforderungen nach Basel II zu sein. Des Weiteren sei zu prüfen, ob durch Unterschiede in Rechnungslegungssystemen und Geschäftsmodellen ungleiche Wettbewerbsbedingungen entstehen. Nach Ansicht der Bundesbank sollte die LR am Ehesten in der zweiten Säule als ergänzende Auffanglinie zu den quantitativen Vorschriften der Säule 1 angesiedelt werden.[247]

In Deutschland müssen Banken der Aufsicht seit 2010 jährlich die so genannte **modifizierte bilanzielle Eigenkapitalquote** zum festgestellten Jahresabschluss melden. Bei einer Abweichung der Quote von mindestens 5% im Vergleich zum letzten Jahresabschluss hat diese Meldung vierteljährlich zu erfolgen. Die modifizierte bilanzielle Eigenkapitalquote, die ebenfalls Leverage Ratio genannt wird, berechnet sich aus dem Verhältnis von bilanziellem Eigenkapital einerseits und der Bilanzsumme zuzüglich außerbilanzieller Verpflichtungen andererseits.[248] Die Meldung hat aktuell lediglich nachrichtlichen Charakter. Eine vorgeschriebene Mindestquote besteht nicht. Trotz der im Vergleich zur LR nach Basel III abweichenden Berechnung, liefert die modifizierte bilanzielle Eigenkapitalquote jedoch einen ersten Eindruck, ob die künftige Einhaltung einer Mindestquote von 3% für die jeweilige Bank mit Problemen verbunden sein könnte.

---

[246] Vgl. Deutsche Bundesbank, a.a.O., 2011, S. 28, 40; Neubacher: Europas Banken haben das Nachsehen, in: Börsen-Zeitung, 07.01.2012, S. 3

[247] Vgl. Deutsche Bundesbank, a.a.O., Pressenotiz vom 13.09.2010, S. 1; Deutsche Bundesbank, a.a.O., 2011, S. 29

[248] Vgl. § 24 Abs. 1, S. 1 Nr. 16 und Abs. 1a, S. 1 Nr. 5 KWG. Auf eine gesonderte Berücksichtigung des Wiedereindeckungsaufwands für Ansprüche aus außerbilanziellen Geschäften darf gemäß Rundschreiben der BaFin verzichtet werden. Vgl. BaFin: Rundschreiben 3/2010 (BA) - Meldungen zur modifizierten bilanziellen Eigenkapitalquote gemäß § 24 Abs. 1 Nr. 16, Abs. 1a Nr. 5 KWG, 2010, online unter: http://www.bafin.de/cln_228/nn_721290/SharedDocs/Veroeffentlichungen/DE/Service/Rundschreiben/2010/rs__1003__ba__mod__bilanzielle__ekquote.html?__nnn=true. Eine Empfehlung der BaFin für das Berechnungsschema befindet sich im Anhang (Anlage 6).

3.5 Rechtliche Umsetzung

Die rechtliche Umsetzung der neuen Regelungen nach Basel III unterscheidet sich von der Umsetzung der Empfehlungen nach Basel II. Diese wurden in EU-Richtlinien überführt, die wiederum erst durch die Umsetzung in nationales Recht bindende Wirkung erlangten. Dabei konnten durch die Umsetzung ins KWG und in die entsprechenden Verordnungen Gestaltungsspielräume ausgenutzt werden, um eine bestmögliche Anpassung an das deutsche Bankensystem zu erreichen. Im Gegensatz dazu werden die neuen Regeln nach Basel III nur teilweise in eine **EU-Richtlinie (CRD IV)** und teilweise in eine unmittelbar in den Mitgliedsländern geltende **EU-Verordnung (Capital Requirements Regulation, CRR)** überführt.[249] Die neuen Eigenkapital- und Liquiditätsvorschriften mit Ausnahme der Kapitalpuffer werden gemeinsam mit den quantitativen Anforderungen der ersten Säule von Basel II in der CRR geregelt. Durch die Übernahme von bereits in deutsches Recht umgesetzten Vorschriften in die unmittelbar geltende Verordnung müssen wesentliche Bereiche insbesondere des KWG und der SolvV aufgehoben werden. Dies hat zur Folge, dass seinerzeit ausgenutzte Gestaltungsspielräume künftig wegfallen werden. Insofern kann es durch die neue Form der europarechtlichen Umsetzung auch zu Änderungen bei nicht durch Basel III betroffenen Regelungen kommen. So entfällt beispielsweise die vom deutschen Gesetzgeber getroffene Festlegung, dass Forderungen gegenüber Banken im KSA generell in Abhängigkeit vom Sitzstaat gewichtet werden. An diese Stelle tritt künftig eine Differenzierung nach Forderungen an Banken mit und ohne externem Rating. Während Forderungen an ungeratete Institute wie gehabt unterlegt werden, müssen Institute mit externem Rating demnächst nach der Option 2[250] gewichtet werden. Für deutsche Banken bedeutet dies, dass kurzfristige Forderungen gegenüber Banken nicht mehr pauschal mit 20%, sondern ab einem Rating von BB+ mit 50% gewichtet werden müssen. Langfristige Forderungen (Laufzeit über 3 Monate) müssen bereits ab einem Rating von A+ mit 50% und ab einem Rating von BB+ mit 100% gewichtet werden. Im

---

[249] Vgl. Deutsche Bundesbank, a.a.O., 2011, S. 5 f.

[250] Vgl. Kapitel 2.1.3.1

Ergebnis steht somit eine wesentliche höhere Unterlegung für Interbankenforderungen als nach der Umsetzung von Basel II.[251]
Anders als Basel III sieht die CRR eine rechtsformunabhängige Zusammensetzung der Kapitalbestandteile vor. Hiervon sind unter anderem auch bisher anerkennungsfähige stille Einlagen von Aktiengesellschaften betroffen. Für diese gilt nun der gleiche Bestandsschutz wie für andere Rechtsformen.[252] Eine Differenzierung nach Aktiengesellschaften und anderen Rechtsformen bei den Übergangsregelungen, wie von Basel III ursprünglich vorgesehen, hätte in Deutschland unter anderem zu einer Ungleichbehandlung von Landesbanken geführt, die teilweise als Anstalt öffentlichen Rechts (z. B. Bayern LB) und teilweise als Aktiengesellschaft (z. B. Landesbank Berlin AG) organisiert sind.[253]
Die Wahl einer einheitlichen Verordnung („Single Rule Book") zur Umsetzung von Basel III soll gleiche Wettbewerbsbedingungen („Level Playing Field") innerhalb der EU schaffen.[254] Diese angestrebte Harmonisierung kann jedoch ebenso als pauschaler „One-size-fits-all"-Ansatz kritisiert werden, der „weder den Besonderheiten der verschiedenen Bankenmärkte noch den fundamental unterschiedlichen Graden der Systemrelevanz kleiner und großer Banken Rechnung"[255] trägt und darüber hinaus die Existenz unterschiedlicher Geschäftsmodelle außer Acht lässt.[256] Ein gewisser Hebel für nationale Besonderheiten wird durch Aufnahme des antizyklischen Kapitalpuffers in die CRD IV geschaffen. Weitere Inhalte der Richtlinie werden beispielsweise bestehende Regelungen zur Erteilung einer Bankerlaubnis und Sanktionen für aufsichtsrechtliche

[251] Ab einem Rating von CCC+ ist für kurz- und langfristige Forderungen sogar eine Gewichtung von 150% festgelegt. Vgl. Europäische Kommission, a.a.O., S. 130 f.; o.V.: Informationen und Meinungen, in: Der Bankenverband informiert, Bundesverband Deutscher Banken, 2011, S. 130 f., online unter: https://info-
onli-
ne.bdb.de/EDV/IONL.nsf/0273fd91502a9f30c12569c40056d096/421fa9d45d36aae0c12578620044e588/$FILE/
BdB_Info_06_2011.pdf

[252] Vgl. Schulte-Mattler/Manns, a.a.O., S. 2070; Europäische Kommission, a.a.O., S.13

[253] Vgl. Wadewitz: Im Interview: Manuel Nodoushani, Nach wie vor Unsicherheit bei stillen Einlagen, in: Börsen-Zeitung, 03.08.2011, S. 2

[254] Vgl. Schmitt, a.a.O., S. 2347, 2350; Europäische Kommission, a.a.O., S.12

[255] Rudolph: CRD IV: die Umsetzung von Basel III in der EU, Vergebliche Regulierungsmüh?, in: Betriebs Berater, Zeitschrift für Recht, Steuern und Wirtschaft, 2011, S. I; vgl. o.V.: Genossen erteilen Basel III eine Abfuhr, in: Börsen-Zeitung, 27.08.2011, S.1

[256] Vgl. Rudolph, a.a.O., S. I

Verstöße sein.[257] Nach ihrem für 2013 geplanten Inkrafttreten ersetzen die CRD IV sowie die CRR die bisher gültigen EU-Richtlinien.[258]

---

[257] Vgl. Schmitt, a.a.O., S. 2347

[258] Vgl. Schulte-Mattler/Manns, a.a.O., S. 2069 f.; Europäische Kommission, a.a.O., S. 1 ff., 9 f.

4 Bedeutung von Basel III für die Banken

4.1 Konsequenzen für die Eigenkapitalbeschaffung

Die neuen Eigenkapitalregeln nach Basel III führen gemäß einer 2010 durchgeführten umfassenden quantitativen Auswirkungsstudie (Quantitative Impact Study, QIS)[259] des Basler Ausschusses sowie einer ergänzend hierzu von CEBS veröffentlichten Auswirkungsstudie für europäische Banken (EU-QIS)[260] insbesondere zu einem beachtlichen Kapitalbedarf für „große, international tätige Banken, die eine enge Verbindung zur Finanzkrise aufweisen"[261]. Im Gegensatz hierzu sind Institute, die ihr Geschäft auf die Versorgung des Mittelstands und der privaten Haushalte mit Krediten ausgerichtet haben, in geringerem Maße betroffen. Die meisten dieser Banken erfüllen die höheren Mindesteigenkapitalanforderungen bereits heute.[262] In der EU-QIS wurden 246 Banken aus 21 europäischen Ländern einbezogen. Diese wurden analog zur QIS des Basler Ausschusses in gut diversifizierte, international tätige Banken mit einem Kernkapital ab einer Höhe von 3 Mrd. € (Gruppe 1[263]) einerseits und sonstige Banken (Gruppe 2[264]) andererseits aufgeteilt. Im Ergebnis würden sich bei einer angenommenen vollständigen Umsetzung der neuen Basler Regelungen zum 31.12.2009 die harten Kernkapitalquoten von Banken der Gruppe 1 im Vergleich zu den aktuell gültigen Regelungen im Durchschnitt von 10,7% auf 4,9% mehr als halbieren. Die Kennzahl von Banken der Gruppe 2 würde sich hingegen lediglich von 11,1% auf 7,1% reduzieren. Die stärkeren Auswirkungen auf Banken der Gruppe 1 sind in den strengeren Regeln zum Kontrahentenrisiko und den zum Zeitpunkt der Auswirkungsstudie noch nicht umgesetzten Verschärfungen zur Unterlegung von Verbriefungen und Handelsbuchforderungen („Basel 2.5") begründet. Von diesen Änderungen sind Banken der Gruppe 1 aufgrund ihrer Geschäftstätigkeit grundsätzlich stärker betroffen als Banken der Gruppe 2. Die durchschnittliche harte Kernkapitalquote von 4,9% bei Banken der Gruppe 1 weist auf den erheblichen Kapitalbedarf einiger Banken zur Einhaltung der zukünftigen Mindesteigenkapitalquote

---

259 Vgl. Basel Committee on Banking Supervision: Results of the comprehensive quantitative impact study, 2010, online unter: http://www.bis.org/publ/bcbs186.pdf

260 Vgl. Committee of European Banking Supervisors: Results of the comprehensive quantitative impact study, 2010, online unter: http://www.eba.europa.eu/cebs/media/Publications/Other%20Publications/QIS/EU-QIS-report-2.pdf

261 Deutsche Bundesbank, a.a.O., Pressenotiz vom 13.09.2010, S. 1

262 Vgl. Basler Ausschuss für Bankenaufsicht, a.a.O., Pressemitteilung vom 12.09.2010, S. 3

263 In Deutschland beispielsweise Deutsche Bank, Commerzbank, Bayern LB, Nord LB etc.

264 In Deutschland fallen hierunter unter anderem Regionalbanken, Sparkassen und Genossenschaftsbanken.

Idee: Erstmal auf die unterschiedlichen Kapitalbeschaffungsmöglichkeiten der untersch. Rechtsformen der Unternehmen eingehen?

von 4,5% bzw. – bei zusätzlicher Einhaltung des Kapitalerhaltungspuffers – von 7% hin. CEBS errechnet hierfür einen Bedarf von über 50 Mrd. € für eine harte Kernkapitalquote in Höhe von 4,5% bzw. über 250 Mrd. € für 7%. Dies entspricht rund 85% bzw. 90% des für alle Banken (Gruppe 1 und 2) ermittelten Kapitalbedarfs.[265] Für deutsche Banken errechnet die Deutsche Bundesbank in einer Simulation einen zusätzlichen Bedarf an hartem Kernkapital in Höhe von 50 Mrd. € zur Erreichung einer harten Kernkapitalquote von 7%. Auch hier entfällt der überwiegende Teil des zusätzlichen Bedarfs auf die Großbanken.[266] Bei Festsetzung des antizyklischen Kapitalpuffers von bis zu 2,5% durch die Aufsicht käme weiterer Kapitalbedarf hinzu.

Der identifizierte Kapitalbedarf kann mit Hilfe unterschiedlicher Maßnahmen gedeckt werden. Banken der Gruppe 1 haben typischerweise die Rechtsform einer Aktiengesellschaft. Als solche können sie nach vorheriger Zustimmung der Eigentümer auf der Hauptversammlung eine ordentliche, bedingte oder genehmigte **Kapitalerhöhung** nach dem Aktiengesetz durchführen.[267] Im Gegensatz hierzu ist eine Kapitalerhöhung aus Gesellschaftsmitteln nicht zielführend, da Gewinnrücklagen bereits als hartes Kernkapital angerechnet werden können.[268] Ein Beispiel für eine Maßnahme zur Stärkung der Eigenkapitalbasis ist die Kapitalerhöhung der Deutschen Bank AG 2010 in Höhe von rund 10 Mrd. €, die angabegemäß nicht nur aufgrund der anstehenden Übernahme der Postbank, sondern auch bereits im Hinblick auf die neuen Eigenkapitalvorschriften durchgeführt wurde.[269] Erschwerend für die zukünftige Eigenkapitalbeschaffung durch eine Kapitalerhöhung könnten sich die neu eingeführten Kapitalpuffer auswirken. Die aufsichtliche Beschränkung der Gewinnausschüttung bei Nichteinhaltung der Kapitalpuffer macht Bankaktien für den Anleger im Vergleich zu Aktien anderer Unternehmen unattraktiver. Allein die Möglichkeit einer künftigen Unterschreitung des Puffers und damit verbundene ausbleibende Dividendenzahlungen könnte Investoren vom Erwerb von Bankaktien abhalten. Zudem sinkt durch die verschärften Eigenkapitalregeln die

---

[265] Vgl. Committee of European Banking Supervisors, a.a.O., S. 2 ff.

[266] Vgl. Deutsche Bundesbank: Finanzstabilitätsbericht 2010, 2010, S. 112, online unter: http://www.bundesbank.de/download/volkswirtschaft/finanzstabilitaetsberichte/finanzstabilitaetsbericht2010.pdf

[267] Vgl. §§ 182 ff. AktG

[268] Vgl. §§ 207 ff. AktG; Kapitel 3.2.1, Qualitative Verschärfungen

[269] Vgl. o.V.: Basel III wirkt bereits, in: Financial Times Deutschland, 12.09.2010, online unter: http://www.ftd.de/unternehmen/finanzdienstleister/:deutsche-bank-basel-iii-wirkt-bereits/50168641.html; o.V.: Deutsche Bank nimmt 10,2 Milliarden Euro ein, in: Focus Money online, 20.09.2010, online unter: http://www.focus.de/finanzen/finanz-news/kapitalerhoehung-deutsche-bank-nimmt-10-2-milliarden-euro-ein_aid_554002.html

von den Investoren erwartete Rentabilität.[270] Ebenfalls erschwerend wirkt sich die restriktivere Anrechnung hybrider Kapitalinstrumente aus. Hierdurch können Banken diese flexible Form der Eigenkapitalbeschaffung nicht zur Erhöhung der harten Kernkapitalquote nutzen. Bereits bestehendes hybrides Kapital kann nur noch innerhalb der Übergangsfristen angerechnet werden. Die Commerzbank AG reagierte auf die neuen Rahmenbedingungen zum Jahresbeginn 2011, als sie im Rahmen einer Kapitalerhöhung Hybridanleihen gegen Aktien eintauschte.[271] Stille Einlagen müssen, um den Kriterienkatalog für hartes Kernkapital auch in Zukunft zu erfüllen, entsprechend „gehärtet" werden. So haben beispielsweise die Träger der Landesbank Hessen-Thüringen (Helaba) entschieden, ihre stillen Einlagen im Volumen von 1,9 Mrd. € Basel III konform auszugestalten. Unter anderem musste hierzu die feste Verzinsung der Einlagen durch eine vom Jahresgewinn abhängige Ausschüttung ersetzt werden. Durch diese Maßnahme wird eine harte Kernkapitalquote gemäß Basel III von 10% erreicht.[272]

Eine weitere Möglichkeit das Eigenkapital zu stärken ist das Einbehalten von Gewinnen, die so genannte **Gewinnthesaurierung**. Hierdurch erhöhen sich ebenfalls die offenen Rücklagen und damit das harte Kernkapital. Darüber hinaus besteht für Banken, die nach den Vorschriften des HGB bilanzieren, die Möglichkeit der **Umwidmung von Reserven nach § 340f HGB** in den Sonderposten nach § 340g HGB. In Deutschland dürfen nach HGB bilanzierende Banken zur Verbesserung der Stabilität des Finanzsystems stille Reserven nach § 340f HGB bilden. Bislang konnten diese Reserven als Ergänzungskapital berücksichtigt werden. Aufgrund der fehlenden Offenlegung sind sie nach Basel III jedoch nicht mehr als haftendes Eigenkapital anrechenbar.[273] Anders verhält es sich mit dem so genannten Sonderposten „ Fonds für allgemeine Bankrisiken" nach § 340g HGB. Dieser ist als eigener Bilanzposten auf der Passivseite auszuweisen und nach Inkrafttreten von Basel III weiterhin vollständig als hartes Kernkapital anrechenbar. Durch die für den Bilanzleser nicht direkt erkennbare Auflösung beste-

---

[270] Vgl. Zentraler Kreditausschuss: Stellungnahme des Zentralen Kreditausschusses zum Konsultationspapier des Basler Ausschusses „Strengthening the Resilience of the Banking Sector", 2010, S. 43; Deutsche Bundesbank, a.a.O., 2011, S. 8 f.

[271] Vgl. Mussler: Commerzbank feilt an der Kapitalstruktur, in: Frankfurter Allgemeine Zeitung, 13.01.2011, online unter: http://www.faz.net/aktuell/wirtschaft/unternehmen/staatsbank-commerzbank-feilt-an-der-kapitalstruktur-1577227.html; o.V.: Commerzbank sammelt frisches Kernkapital ein, in: Financial Times Deutschland, 13.01.2011, online unter: http://www.ftd.de/unternehmen/finanzdienstleister/:folge-von-basel-iii-commerzbank-sammelt-frisches-kernkapital-ein/50214363.html

[272] Vgl. o.V.: Träger machen Helaba fit für Basel III, in: Börsen-Zeitung, 02.11.2011, S. 5; Bauer: Mehr Eigenkapital für die Helaba, in: Handelsblatt, 02.11.2011, S. 36

[273] Vgl. Zeitler, a.a.O., S. 8 f.

hender Reserven nach § 340f HGB und die gleichzeitige sichtbare Bildung bzw. Erhöhung des Sonderpostens nach § 340g HGB kann die Eigenkapitalbasis somit gestärkt werden. Die DZ Bank Gruppe hat im April 2011 beispielsweise eine Umwidmung der Reserven nach § 340f HGB in Reserven nach § 340g HGB in Höhe von ca. 1,3 Mrd. € vorgenommen und publik gemacht.[274] Allerdings ist zu beachten, dass die Banken der Gruppe 1 in der Regel nach IFRS bilanzieren, wonach die Bildung der beschriebenen stillen Reserven nicht möglich ist.[275]

Eine weitere Maßnahme zur Verbesserung der Eigenkapitalkennziffern kann das **Umstellen auf interne Modelle** zur Messung der Kredit-, Markt- und operationellen Risiken darstellen. Beispielsweise kann eine Bank vom KSA auf den IRBA umstellen und so eine Optimierung der Risikogewichtung erzielen. Dies hätte eine niedrigere Eigenkapitalunterlegung zur Folge. Hierfür müssen allerdings zunächst Investitionen getätigt werden, um die komplexeren Messverfahren zu installieren. Auch ist bei der Umstellung aufgrund der erforderlichen Datenhistorie sowie der Zulassungsprüfung durch die Aufsicht eine nicht unerhebliche Vorlaufzeit zu berücksichtigen.

Schließlich besteht noch die Möglichkeit die verschärften Eigenkapitalanforderungen einzuhalten, indem **Risikoaktiva abgebaut** werden. Diese Variante wird in den Pressemitteilungen des Basler Ausschusses sowie der Bundesbank weniger in den Vordergrund gestellt.[276] Ein Grund hierfür könnten die negativen Effekte auf die Wirtschaft sein, die ein derartiger Abbau von Risikoaktiva mit sich bringen würde. So kann zum Beispiel ein Kreditinstitut entscheiden, seine Bilanzsumme zu verringern, indem es weniger Kredite ausgibt.[277] Auf diese Weise verringerte sich der mit Eigenkapital zu unterlegene Betrag und folglich käme es zu einer Verbesserung der Eigenkapitalquoten. Um negative Effekte auf die Wirtschaft zu vermeiden, wurden die bereits erläuterten Übergangsvorschriften installiert, die den Banken genügend Zeit einräumen sollen, die bestehende Kapitallücke zur Einhaltung der neuen Vorschriften sukzessive

---

[274] Vgl. DZ Bank AG: DZ Bank Gruppe: Umwidmung der Dotierung der § 340 f HGB-Reserven in § 340 g HGB-Reserven, Investor Relations Information, 29.04.2011, online unter: http://www.dzbank.de/unternehmen/index.jsp?path=/downloads/Umwidmung_HGB_Reserven_IR.pdf

[275] Vgl. Deutsche Bundesbank: Rechnungslegungsstandards für Kreditinstitute im Wandel, in: Monatsbericht Juni 2002, S. 54, online unter: http://www.bundesbank.de/download/bankenaufsicht/pdf/rechnungslegung.pdf

[276] Vgl. Basler Ausschuss für Bankenaufsicht, a.a.O., Pressemitteilung vom 26.07.2010; Deutsche Bundesbank, a.a.O., Pressenotiz vom 13.09.2010, S. 1

[277] Die Folgen eines solchen Lösungsansatzes für die Kreditnehmer sind in Kapitel 5 thematisiert.

zu schließen.[278] Allerdings ist eine Vorwegnahme der regulatorischen Änderungen durch den Markt nicht ausgeschlossen. In diesem Fall entstünde für die Banken ein marktseitiger Druck, die neuen Vorschriften frühzeitig einzuhalten. Die Möglichkeiten zur Erhöhung der Eigenkapitalbasis sollen in einem Beispiel veranschaulicht werden:

Die **Konform Bank AG** benötigt zur Erfüllung der neuen Basel III Regelungen zusätzliches hartes Kernkapital in Höhe von 7,5 Mio. €. Eine Hochrechnung ergibt für den Jahresabschluss folgende Gewinn- und Verlustrechnung (GuV):

1. Zinserträge	***12.750.000-***
2. Zinsaufwendungen	***6.390.000,-***
3. Laufende Erträge aus Aktien und anderen nicht festverzinslichen Wertpapieren	***400.000,-***
4. Provisionserträge	***2.300.000,-***
5. Provisionsaufwendungen	***620.000,-***
6. Sonstige betriebliche Erträge	***200.000,-***
7. Allgemeine Verwaltungsaufwendungen	***3.150.000,-***
8. Abschreibungen und Wertberichtigungen auf immaterielle Anlagewerte und Sachanlagen	***110.000,-***
9. Sonstige betriebliche Aufwendungen	***55.000,-***
10. Abschreibungen und Wertberichtigungen auf Forderungen und bestimmte Wertpapiere sowie Zuführungen zu Rückstellungen im Kreditgeschäft	***300.000,-***
11. Abschreibungen und Wertberichtigungen auf Beteiligungen, Anteile an verbundene Unternehmen und wie Anlagevermögen behandelte Wertpapiere	***0,-***
12. Erträge aus Zuschreibungen zu Beteiligungen, Anteilen an verbundenen Unternehmen und wie Anlagevermögen behandelten Wertpapieren	***0,-***
13. Erträge aus der Auflösung vom Fonds für allgemeine Bankrisiken	***0,-***
14. Zuführungen zum Fonds für allgemeine Bankrisiken	***500.000,-***
15. Ergebnis der normalen Geschäftstätigkeit	***4.525.000,-***
16. Außerordentliche Aufwendungen	***25.000,-***
17. Sonstige Steuern, soweit nicht unter Posten 9 ausgewiesen	***0,-***
18. Jahresüberschuss	***4.500.000***

Die Konform Bank AG hat in ihrer Risikovorsorge stille Reserven nach § 340f HGB in Höhe von 2,5 Mio. € gelegt. Aufgrund der Dividendenpolitik der vergangenen Jahre rechnen die Aktionäre mit einer Ausschüttung von 1 Mio. €.

Der Vorstand möchte die neuen Vorschriften nach Basel III bereits im nächsten Jahr komplett erfüllen, ohne jedoch Aktivpositionen der Bilanz abzubauen oder die Erwar-

[278] Vgl. Basler Ausschuss für Bankenaufsicht, a.a.O., Pressemitteilung vom 26.07.2010, S. 2; Deutsche Bundesbank, a.a.O., 2011, S. 5

tungen der Aktionäre an eine Dividendenzahlung zu enttäuschen. Es werden folgende Maßnahmen getroffen:

I. Die stillen Reserven nach § 340f HGB in Höhe von 2,5 Mio. € werden aufgelöst und dem Sonderposten nach § 340g HGB zugeführt. Durch die so genannte Überkreuzkompensation[279] ist die Auflösung der stillen Reserven nur indirekt aus der GuV zu entnehmen:

1. Zinserträge	***12.750.000-***
2. Zinsaufwendungen	***6.390.000,-***
3. Laufende Erträge aus Aktien und anderen nicht festverzinslichen Wertpapieren	***400.000,-***
4. Provisionserträge	***2.300.000,-***
5. Provisionsaufwendungen	***620.000,-***
6. Sonstige betriebliche Erträge	***200.000,-***
7. Allgemeine Verwaltungsaufwendungen	***3.150.000,-***
8. Abschreibungen und Wertberichtigungen auf immaterielle Anlagewerte und Sachanlagen	***110.000,-***
9. Sonstige betriebliche Aufwendungen	***55.000,-***
10. Erträge aus Zuschreibungen zu Forderungen und bestimmten Wertpapieren sowie aus der Auflösung von Rückstellungen im Kreditgeschäft	***2.200.000,-***
11. Abschreibungen und Wertberichtigungen auf Beteiligungen, Anteile an verbundene Unternehmen und wie Anlagevermögen behandelte Wertpapiere	***0,-***
12. Erträge aus Zuschreibungen zu Beteiligungen, Anteilen an verbundenen Unternehmen und wie Anlagevermögen behandelten Wertpapieren	***0,-***
13. Erträge aus der Auflösung vom Fonds für allgemeine Bankrisiken	***0,-***
14. Zuführungen zum Fonds für allgemeine Bankrisiken	***3.000.000,-***
15. Ergebnis der normalen Geschäftstätigkeit	***4.525.000,-***
16. Außerordentliche Aufwendungen	***25.000,-***
17. Sonstige Steuern, soweit nicht unter Posten 9 ausgewiesen	***0,-***
18. Jahresüberschuss	***4.500.000,-***

II. Vom Jahresüberschuss werden 1 Mio. € ausgeschüttet und 3,5 Mio. € thesauriert:

18. Jahresüberschuss	***4.500.000,-***
19. Einstellungen in die satzungsmäßigen Gewinnrücklagen	***3.500.000,-***
20. Bilanzgewinn	***1.000.000,-***

III. Für das Folgejahr wird eine ordentliche Kapitalerhöhung (Kapitalerhöhung gegen Einlagen) vorgesehen, mit der 1 Mio. € zusätzliches Kapital generiert werden soll.

Die benötigten 7,5 Mio. € hartes Kernkapital werden somit wie folgt erreicht:

---

[279] Der Posten „Abschreibungen und Wertberichtigungen auf Forderungen und bestimmte Wertpapiere sowie Zuführungen zu Rückstellungen im Kreditgeschäft" wird durch die Auflösung der § 340f HGB Reserven zum Posten „Erträge aus Zuschreibungen zu Forderungen und bestimmten Wertpapieren sowie aus der Auflösung von Rückstellungen im Kreditgeschäft".

Fonds für allgemeine Bankrisiken	***+ 3.000.000,-***
davon durch erwirtschaftete Erträge	*+ 500.000,-*
davon durch Auflösung von § 340f HGB Reserven	*+ 2.500.000,-*
Eigenkapital	***+ 4.500.000,-***
davon gezeichnetes Kapital (Kapitalerhöhung)	*+ 1.000.000*
davon satzungsmäßige Gewinnrücklagen	*+ 3.500.000*

Durch Basel III könnte auch die Entstehung neuer Eigenkapitalinstrumente begünstigt werden. Eine neue Ausgestaltung hybrider Finanzierungsinstrumente stellen die so genannten **Contingent Convertible Bonds (Coco-Bonds)** dar. Hierbei handelt es sich um bedingte Pflichtwandelanleihen, die gemäß Basel III als zusätzliches Kernkapital angerechnet werden können, sofern ein objektiver, im Voraus festgelegter Auslösewert die Umwandlung in Stammaktien vorsieht.[280] Die CRR konkretisiert dieses Ereignis als Absinken der harten Kernkapitalquote unter einen festgelegten Wert (mindestens 5,125%).[281] Die Attraktivität der Coco-Bonds ist jedoch sowohl für Investoren als auch für die emittierenden Banken fraglich. Gründe sind das zu hohe Risiko der Wandlung in Aktien und der große Ermessensspielraum der Emittenten bei den Zinszahlungen einerseits sowie die hohe Verzinsung für Banken andererseits.[282]

4.2 Konsequenzen für die Refinanzierung und das Liquiditätsmanagement

Die europäische Auswirkungsstudie (EU-QIS) ergab eine durchschnittliche **LCR** von 67% für Banken der Gruppe 1 bzw. 87% für Banken der Gruppe 2. Die fehlenden erstklassigen liquiden Vermögensgegenstände derjenigen Banken, die per 31.12.2009 die LCR noch nicht einhielten, summierten sich auf rund eine Billion Euro. Bis 2015 müssen diese Banken ihre kurzfristige Liquiditätssituation entsprechend verbessern. Zu diesem Zweck könnten sie ihren Bestand an liquiden Vermögensgegenständen und damit den Zähler der LCR erhöhen. Eine weitere Möglichkeit besteht darin, den Nenner der Kennzahl zu reduzieren. Dies geschieht beispielsweise, indem solche Geschäfte eingeschränkt werden, die in besonderem Maße institutsspezifischen oder systemweiten

[280] Vgl. Zentraler Kreditausschuss: Stellungnahme des Zentralen Kreditausschusses zum Konsultationspapier des Basler Ausschusses „Strengthening the Resilience of the Banking Sector“, 2010, S. 18; Gaumert/Götz/Ortgies, a.a.O., S. 3
[281] Vgl. Europäische Kommission, a.a.O., S. 85
[282] Vgl. o.V.: Attraktivität von Coco-Bonds fraglich, in: Börsen-Zeitung, 14.12.2011, S. 3

Schocks ausgesetzt sind, und somit einen hohen erwarteten Liquiditätsabfluss generieren. Hierzu zählen unter anderem gewährte Liquiditäts- und Kreditlinien. Zudem kann der erwartete Liquiditätsabfluss innerhalb der nächsten 30 Tage durch eine Verlängerung der kurzfristigen Refinanzierung über diesen Zeitraum hinaus verringert werden.[283] Der Durchschnittswert der **NSFR** lag gemäß EU-QIS per Ende 2009 bereits bei 91% für Banken der Gruppe 1 und 94% für Banken der Gruppe 2. Den Banken mit einer Kennzahl unter 100% fehlten insgesamt 1,8 Billionen Euro an stabilen Refinanzierungsmitteln. Um die Kennzahl bis 2018 einzuhalten, können diese Banken die Laufzeiten ihrer Refinanzierung verlängern oder auf stabilere Verbindlichkeiten, z. B. Einlagen von Nichtbanken, wechseln, um den verfügbaren Betrag stabiler Refinanzierung (Zähler der NSFR) zu erhöhen. Auf der anderen Seite kann durch eine Umschichtung der Vermögensgegenstände hin zu mehr liquiden Aktiva der erforderliche Betrag stabiler Refinanzierung und damit der Nenner dieser Kennzahl reduziert werden. Diese Maßnahme würde sich, wie oben ausgeführt, ebenfalls positiv auf die LCR auswirken.[284]

Somit werden die neu eingeführten Liquiditätskennzahlen Auswirkungen auf die Bankbilanzen haben. Auf der Aktivseite wird sich insbesondere durch die LCR der Umfang der liquiden Aktiva erhöhen. Gleichzeitig müssen die Banken die Laufzeiten ihrer Refinanzierung ausdehnen. Die Refinanzierung durch kurzfristige unbesicherte Emission wie zum Beispiel Commercial Papers[285] wird durch die Einführung der neuen Liquiditätskennzahlen an Bedeutung verlieren. Zum einen stellen sie für den Emittenten keine stabile Refinanzierung gemäß NSFR dar, zum anderen können Banken die erworbenen Commercial Papers nicht als liquide Aktiva im Sinne der LCR anrechnen. Im Ergebnis werden längerfristige und nach Möglichkeit besicherte Emissionen in den

---

283 Vgl. Committee of European Banking Supervisors, a.a.O., S. 18

284 Vgl. ebenda, S. 21; Heidorn/Schmaltz/Schröter: Auswirkungen der neuen Basel-III-Kennzahlen auf die Liquiditätssteuerung: Net Stable Funding Ratio, in: Zeitschrift für das gesamte Kreditwesen, 2011, S. 3 f., online unter: http://www.vereon.ch/upload/whitepaper/heidorn_schmaltz_net_stable_funding_ratio_1118.pdf

285 Commercial Papers (CP) sind kurzfristige unbesicherte Inhaberschuldverschreibungen, die in der Regel im Rahmen eines CP-Programmes begeben werden. Vgl. Gabler Verlag: http://wirtschaftslexikon.gabler.de/Definition/cp-commercial-paper.html?referenceKeywordName=Commercial+Paper, Abruf am 08.03.2012

Vordergrund rücken.[286] Beide Effekte haben Auswirkungen auf die Ertragslage der Institute, die im folgenden Kapitel näher beleuchtet wird.

Die künftig zu berechnenden Liquiditätskennzahlen sind nur teilweise mit den bisherigen Kennzahlen nach der LiqV zu vergleichen. Mit der NSFR wird gänzlich aufsichtliches Neuland betreten. Die Folge ist ein zusätzlich zu den erforderlichen Umstellungen bei der Eigenmittelunterlegung entstehender Implementierungsaufwand auf Seiten der Institute. Für Banken mit institutseigenen Risikomess- und -steuerungsverfahren bedeutet der Wegfall der Nutzung dieser Verfahren für aufsichtliche Zwecke zudem den Verlust von Synergieeffekten.[287]
Die zusätzlich zu LCR und NSFR zu berechnenden Beobachtungskennzahlen können als quantitative Ergänzung zu den bereits in den MaRisk aufgenommenen qualitativen Anforderungen des Basler Ausschusses für eine solide Steuerung und Überwachung des Liquiditätsrisikos[288] angesehen werden. Der Umsetzungsaufwand für diese Kennzahlen ergibt sich beispielsweise aus der Installierung einer auf vertraglichen Laufzeiten basierenden Liquiditätsablaufbilanz, der keine bankinternen Annahmen über die Zahlungsströme zugrunde liegen.[289]

4.3 Konsequenzen für die Ertragslage

Durch die **quantitativen** Verschärfungen, die Basel III mit sich bringt, müssen Banken mehr Eigenkapital für ihre risikogewichteten Aktiva vorhalten als unter Basel II. Das zusätzlich gebundene Eigenkapital steht somit nicht mehr für andere ertragbringende Geschäfte zur Verfügung. Die Auswirkungen der höheren quantitativen Anforderungen sollen anhand einer Beispielrechnung verdeutlicht werden. Dem Beispiel liegt ein Unternehmenskredit in Höhe von einer Mio. € mit einer Laufzeit von einem Jahr zugrunde. Es soll die **Zinsmarge** jeweils ohne Unterlegung und mit Unterlegungen nach Basel I, II und III untersucht werden. Die Unterlegung nach Basel II und III erfolgt nach dem KSA. Um die Unterschiede einer pauschalen (Basel I) und einer mehr

[286] Vgl. Heidorn/Schmaltz/Schröter: Auswirkungen der neuen Basel-III-Kennzahlen auf die Liquiditätssteuerung: Net Stable Funding Ratio, in: Zeitschrift für das gesamte Kreditwesen, 2011, S. 5. f.; Heidorn/Schmaltz/Schröter: Auswirkungen der neuen Basel-III-Kennzahlen auf die Liquiditätssteuerung: Liquidity Coverage Ratio, in: Zeitschrift für das gesamte Kreditwesen, 2011, S. 36
[287] Vgl. Brzenk/Cluse/Leonhardt, a.a.O., S. 13 f.; Deutsche Bundesbank, a.a.O., 2011, S. 3
[288] Vgl. Kapitel 2.2, Liquiditätsregeln vor Basel III
[289] Vgl. Brzenk/Cluse/Leonhardt, a.a.O., S. 14

risikoorientierten Eigenkapitalunterlegung (Basel II und III) zu veranschaulichen, werden drei unterschiedliche Ratings betrachtet: AAA, BBB und B+. Es wird ein Refinanzierungssatz der Bank von 2% sowie Verwaltungskosten in Höhe von 5.000 € pro Kredit angenommen. Zusätzlich werden Bearbeitungskosten angesetzt, die aufgrund einer intensiveren Betreuung mit abnehmender Bonität der Kreditnehmer ansteigen. Für die erwarteten Verluste muss eine Risikovorsorge gebildet werden. Diese wird durch die Ausfallwahrscheinlichkeiten errechnet, die sich wiederum aus dem Rating ableiten lassen.[290] In Abhängigkeit der Ratings wird ein Kreditzins von 5% (AAA), 8% (BBB) und 18% (B+) festgelegt[291]. Die Kosten für die Eigenkapitalunterlegung bleiben zunächst unberücksichtigt. Es ergeben sich folgende Zinsmargen:

Rating	**AAA**	**BBB**	**B+**
Refinanzierung 2%	20.000	20.000	20.000
Verwaltungskosten	5.000	5.000	5.000
Bearbeitungskosten	2.000	4.000	7.000
Ausfallkosten/Jahr	0,061% => 610	0,0978% => 9.780	9,111% => 91.110
Gesamtkosten	27.610 €	38.780 €	123.110 €
Gesamtkostensatz	2,761%	3,878%	12,311%
Zinssatz	5%	8%	18%
Zinsmarge	2,239%	4,122%	5,689%

Abb. 25: Berechnung Zinsmarge

Quelle: eigene Berechnung in Anlehnung an Langenbahn: Kreditverhandlungen, Kreditvergabe, Rating – Teil 2: Baseler EK-Vereinbarungen und ihre Auswirkungen auf die Kreditkonditionen, Fachhochschule Koblenz, RheinAhrCampus, 2011, S. 52 ff.

Nun sollen die kalkulatorischen Kosten für die aufsichtlich geforderte Unterlegung des Kredits mit haftendem Eigenkapital ergänzt werden. Als Kalkulationszinssatz für das Eigenkapital wird 10% festgelegt.[292] Die Kosten für die Eigenkapitalunterlegung ergeben sich aus dem Produkt von Kreditsumme, Risikogewicht, 8% und Kalkulations-

[290] Vgl. The Wall Street Journal: http://online.wsj.com/public/resources/documents/info-flash07.html?project=normaSubprime0712&h=530&w=980&hasAd=1 &settings=normaSubprime0712, Abruf am 03.03.2012. Eine Tabelle mit Ausfallwahrscheinlichkeiten der Fitch Rating Skala befindet sich im Anhang (Anlage 7).

[291] In diesem Beispiel werden regulatorische Anpassungen durch die Basler Regelungen nicht an den Kreditnehmer durch Anpassung des Zinssatzes weitergegeben.

[292] Eine Kreditvergabe, die weniger als die entstehenden Kosten inklusive Kalkulationszins einbringt, würde sich nicht lohnen. Von einer Verteuerung des Eigenkapitals aufgrund höherer qualitativer Anforderungen wird in der Beispielrechnung abgesehen.

zins. Den Regelungen nach **Basel I** entsprechend wird zunächst unabhängig vom Rating ein Risikogewicht von 100% angesetzt:

Rating	**AAA**	**BBB**	**B+**
EK-Unterlegung (Kalkulationszins 10%)	100%*8%*10% => 8.000	100%*8%*10% => 8.000	100%*8%*10% => 8.000
Gesamtkosten	35.610	46.780	131.110
Gesamtkostensatz	3,561%	4,678%	13,111%
Zinssatz	5%	8%	18%
Zinsmarge	1,439%	3,322%	4,889%

Abb. 26: Berechnung Zinsmarge inklusive EK-Unterlegung (Basel I)

Quelle: eigene Berechnung in Anlehnung an Langenbahn, a.a.O., S. 52 ff.

In einem nächsten Schritt werden die gemäß **Basel II** (nach dem KSA) anzusetzenden Risikogewichte verwendet. Es ergibt sich eine niedrigere Unterlegung für Kredite guter Bonität und eine höhere Unterlegung für solche mit schlechterem Rating:

Rating	**AAA**	**BBB**	**B+**
EK-Unterlegung (Kalkulationszins 10%)	20%*8%*10% => 1.600	100%*8%*10% => 8.000	150%*8%*10% => 12.000
Gesamtkosten	29.210	46.780	135.110
Gesamtkostensatz	2,921%	4,678%	13,511%
Zinssatz	5%	8%	18%
Zinsmarge	2,079%	3,322%	4,489%

Abb. 27: Berechnung Zinsmarge inklusive EK-Unterlegung (Basel II)

Quelle: eigene Berechnung in Anlehnung an Langenbahn, a.a.O., S. 52 ff.

Durch Basel II erhöhen sich die Margen für Kredite an Kreditnehmer mit gutem Rating, während bei Krediten an Kreditnehmer schlechter Bonität weniger verdient wird als unter Basel I. Abschließend werden die quantitativen Verschärfungen von **Basel III** berücksichtigt. Hierbei wird neben einer vollständigen Einhaltung des Kapitalerhaltungspuffers von einer Festsetzung des antizyklischen Kapitalpuffers durch die Aufsichtsbehörde in Höhe von 2,5% ausgegangen. Die Kredite müssen folglich mit 13% Eigenkapital unterlegt werden:

Rating	AAA	BBB	B+
EK-Unterlegung (Kalkulationszins 10%)	20%*13%*10% => 2.600	100%*13%*10% => 13.000	150%*13%*10% => 19.500
Gesamtkosten	30.210	51.780	142.610
Gesamtkostensatz	3,021%	5,178%	14,261%
Zinssatz	5%	8%	18%
Zinsmarge	1,979%	2,822%	3,739%

Abb. 28: Berechnung Zinsmarge inklusive EK-Unterlegung (Basel III)

Quelle: eigene Berechnung in Anlehnung an Langenbahn, a.a.O., S. 52 ff.

Es wird deutlich, dass durch Basel III die Zinsmarge im Vergleich zu Basel II absinkt. Dies trifft aufgrund der differenzierten Risikogewichtung umso mehr zu, je schlechter die Bonität des Kreditnehmers ist. So beträgt im Beispiel die Differenz der Zinsmargen bei einem Rating von AAA 0,1% und bei einem Rating von B+ schon 0,75%. Durch die Beibehaltung der Risikogewichte von Basel II und der gleichzeitigen faktischen Erhöhung der Unterlegung lässt sich festhalten, dass Basel III die risikoorientierte Unterlegung von Basel II insofern verstärkt, als sie größere Risiken mit höheren Aufschlägen versieht als kleinere. Dennoch kommt es durch die Kapitalpuffer in allen Bereichen zu einer höheren Unterlegung mit Eigenkapital und somit zu Ertragseinbußen.

Zusätzlich zu den berechneten Auswirkungen der quantitativen Verschärfungen können die höheren **qualitativen** Anforderungen an das bankaufsichtliche Eigenkapital, unter anderem im Hinblick auf die Verlustteilnahme und die Dauerhaftigkeit, steigende Kapitalkosten für die Banken bedeuten. So kann beispielsweise das relativ günstige Hybridkapital nicht mehr als hartes Kernkapital angerechnet werden.

Sofern es der Wettbewerb zulässt, haben Banken die Möglichkeit, die gestiegenen Kosten durch höhere Kreditzinsen an die Kreditnehmer weiterzugeben. So kommen aktuelle Untersuchungen zu dem Ergebnis, dass Basel III zu einem Anstieg der

Kreditzinsen um 15 bis 60 Basispunkte führen wird.[293] Auf die Konsequenzen einer solchen Maßnahme für die Kreditnehmer wird in Kapitel 5 eingegangen.

Weitere Belastungen für die Ertragslage ergeben sich aus der Einführung der neuen **Liquiditätskennzahlen**. Durch die Einführung der **LCR** müssen Banken künftig hohe Bestände an erstklassigen liquiden Aktiva, insbesondere in Form von Staatsanleihen, halten. Solche Anlagen sind aufgrund ihrer hohen Qualität nur mäßig verzinst. Eine von den neuen Regelungen ausgelöste gestiegene Nachfrage nach Staatsanleihen würde zudem zu einem weiteren Absinken der Renditen führen. Im Ergebnis wird sich die geforderte Liquiditätsreserve nach Einschätzung des ZKA massiv auf die Ertragslage der Institute auswirken.[294]

Auch die **NSFR** hat durch die Einschränkung der Fristentransformation Auswirkungen auf die Ertragslage der Banken. Die Fristentransformation ist ein wichtiger Bestandteil des Zinsergebnisses, das „nach wie vor eine, wenn nicht sogar die zentrale, Ertragsgröße für Banken“[295] darstellt. Durch die Einführung der **NSFR** wird die Bildung von Fristeninkongruenzen in der Bilanz erheblich eingeschränkt, um die Systemstabilität zu erhöhen. Zwar besteht durch die abgestufte Gewichtung der Bilanzpositionen sowie den einjährigen Zeithorizont weiterhin ein gewisser Spielraum. Dennoch werden die Möglichkeiten, die Fristentransformation als Ertragsquelle zu nutzen, beeinträchtigt.[296]

Weitere negative Auswirkungen auf die Ertragslage der Banken ergeben sich durch die „Diskriminierung von Bankschuldverschreibungen gegenüber sonstigen Unternehmens-

---

[293] Vgl. Hartmann-Wendels: Reform der Bankenaufsicht und Auswirkungen auf die Kreditvergabe der Banken, Sparkassen und genossenschaftlichen Kreditinstitute, in: Auswirkungen der Reformen der Bankenaufsicht berücksichtigen! Kreditvergabe der Banken, Sparkassen und genossenschaftlichen Kreditinstitute, Die Familienunternehmer – ASU e.V., 2011, S. 4, online unter: http://www.familienunternehmer.eu/uploads/tx_wfmedienpr/gutachten_basel_III.pdf; Bundesministerium für Wirtschaft und Technologie: Burgbacher: Mittelstandsfinanzierung darf nicht durch Bankenregulierung gefährdet werden!, Pressemitteilung 01.09.2011, online unter: http://www.bmwi.de/BMWi/Navigation/Presse/pressemitteilungen,did=439424.html

[294] Vgl. Zentraler Kreditausschuss: Stellungnahme des Zentralen Kreditausschusses zum Konsultationspapier des Basler Ausschusses „International Framework for liquidity risk measurement, standards and monitoring“, 2010, S. 2, 10

[295] Balke/Brüling: Fristentransformation als Ertragsquelle, in: Die Bank, Zeitschrift für Bankpolitik und Praxis, 2009, online unter: http://www.die-bank.de/betriebswirtschaft/fristentransformation-als-ertragsquelle

[296] Vgl. Zentraler Kreditausschuss: Stellungnahme des Zentralen Kreditausschusses zum Konsultationspapier des Basler Ausschusses „International Framework for liquidity risk measurement, standards and monitoring“, 2010, S. 3; Deutsche Bundesbank, a.a.O., 2011, S. 32

schuldverschreibungen“[297] bei der Berechnung der LCR. Die geringere Attraktivität muss am Kapitalmarkt mit höheren Zinsen vergütet werden. Zusätzlich müssen die Laufzeiten von Schuldverschreibungen sowie anderen Verbindlichkeiten erhöht werden, um mögliche Fristeninkongruenzen zu reduzieren. Dies bedeutet in der Regel[298] einen zusätzlichen Anstieg der Refinanzierungskosten.[299] Darüber hinaus ergibt sich für große Finanzinstitute mit einer Bilanzsumme über 100 Mrd. US-Dollar eine weitere Erhöhung der Refinanzierungskosten aufgrund der verschärften Regelungen zum Kontrahentenrisiko. Durch die Erhöhung des Korrelationsfaktors sind Forderungen gegenüber diesen Banken mit mehr Eigenkapital zu unterlegen. Diese höhere Unterlegung macht die Kreditgewährung an große Banken unattraktiver und damit teurer.[300]

Ein weiterer negativer Einfluss auf die Refinanzierungskosten der Banken ist mit den 2013 in Kraft tretenden neuen Solvabilitätsvorschriften für Versicherungen (**Solvency II**) zu erwarten. Die sich an Basel II orientierenden Vorschriften fordern von Versicherungen erstmals auch quantitative Kapitalanforderungen für ihre Kapitalanlagen. Die bisher in großem Umfang getätigten Investitionen der Versicherer in Eigen- und Fremdkapital der Banken (z. B. Aktien, stille Einlagen, nachrangige Verbindlichkeiten) könnten sich aufgrund der neuen Anforderungen spürbar reduzieren.[301]

4.4 Konsequenzen für die Geschäftspolitik

Durch die Umsetzung von Basel III in einer einheitlichen EU-Verordnung ist mit einer europaweiten Angleichung der Geschäftsmodelle zu rechnen. Banken werden versuchen, Geschäftsfelder mit hohen Eigenkapitalanforderungen zugunsten weniger streng regulierter Bereiche zu verringern. Es entstehen Geschäftsmodelle, die sich mehr an regulatorischen Anforderungen als an den Bedürfnissen des Marktes orientieren. Durch

[297] Zentraler Kreditausschuss: Stellungnahme des Zentralen Kreditausschusses zum Konsultationspapier des Basler Ausschusses „International Framework for liquidity risk measurement, standards and monitoring“, 2010, S. 8
[298] Anders verhält es sich im Fall einer inversen Zinsstrukturkurve.
[299] Vgl. Heidorn/Schmaltz/Schröter: Auswirkungen der neuen Basel-III-Kennzahlen auf die Liquiditätssteuerung: Net Stable Funding Ratio, in: Zeitschrift für das gesamte Kreditwesen, 2011, S. 5. f.; Zentraler Kreditausschuss: Stellungnahme des Zentralen Kreditausschusses zum Konsultationspapier des Basler Ausschusses „International Framework for liquidity risk measurement, standards and monitoring“, 2010, S. 2 f.
[300] Zentraler Kreditausschuss: Stellungnahme des Zentralen Kreditausschusses zum Konsultationspapier des Basler Ausschusses „Strengthening the Resilience of the Banking Sector“, 2010, S. 5 f.
[301] Vgl. Thelen-Pischke/Eibl, a.a.O., S. 16, 20

die Homogenisierung der Geschäftsmodelle würden viele Banken in ähnlicher Weise von externen Schocks getroffen. Ein solcher Anstieg der Systemrisiken würde der Zielsetzung von Basel III zuwider laufen.[302] Ein Beispiel für eine gleichgerichtete Neuausrichtung der Geschäftsmodelle ist die zu erwartende vermehrte Investition in Staatsanleihen mit einer gleichzeitigen Verknappung der Unternehmenskredite. Diese Entwicklung wird durch die „regulatorische Favoritenrolle von Staatsanleihen“[303] begünstigt. Neben der nach wie vor bestehenden Nullgewichtung für Forderungen gegenüber europäischen Staaten bekommen die Banken mit der Einführung der LCR einen zusätzlichen Anreiz in Staatsanleihen zu investieren.[304] Bereits zum Zeitpunkt der EU-QIS setzte sich der Liquiditätspuffer von Banken der Gruppe 1 und Gruppe 2 zum größten Teil aus Staatspapieren (40% bzw. 42%) zusammen.[305] Der internationale Bankenverband (Institute of International Finance, IIF) bezeichnete die Begünstigung der Anlage in Staatsanleihen durch die neuen Liquiditätsvorschriften angesichts der Schuldenkrise in Europa als „zunehmend unangemessen“[306].[307]

Andererseits steht den Anreizen zur verstärkten Investition in Staatsanleihen die Leverage Ratio als regulatorisch erzeugtes Hindernis für die Staatsfinanzierung entgegen.[308] Bei der Berechnung dieser Kennzahl bindet ein Bundeswertpapier gleich viel Kernkapital wie eine Anlage im Non-Investment Grade. Durch diese risikounabhängige Berücksichtigung werden Anreize geschaffen, höhere Risiken einzugehen, um mit den begrenzten Investitionsmöglichkeiten eine höhere Rendite zu erzielen. Aus diesem Grund bezeichnete der ZKA die LR in seiner Stellungnahme 2010 als „noch undifferenzierter als die alten Basel I Regelungen“[309]. Sofern die LR eine limitierende Wirkung hat, könnten Banken gezwungen sein, ihre Anlagestrategie zugunsten risikoreicherer Geschäfte zu verändern, um ihre Ertragsziele zu erfüllen.[310]

---

[302] Vgl. Rudolph, a.a.O., S. I; o.V.: Basel's Sovereign-Debt Bubble, in: The Wall Street Journal Europe, 07.12.2011, S. 14

[303] Neubacher, a.a.O., 07.12.2011, S. 3; vgl. Zentraler Kreditausschuss: Stellungnahme des Zentralen Kreditausschusses zum Konsultationspapier des Basler Ausschusses „International Framework for liquidity risk measurement, standards and monitoring“, 2010, S. 7

[304] Vgl. Europäische Kommission, a.a.O., S. 125; Neubacher, a.a.O., 07.12.2011, S. 3

[305] Vgl. Committee of European Banking Supervisors, a.a.O., S. 20; Brzenk/Cluse/Leonhardt, a.a.O., S. 12

[306] zitiert nach: o.V.: Bankenverband fordert Aufschub von Regulierungen, in: Frankfurter Allgemeine Zeitung, 15.09.2011, S. 12

[307] Vgl. ebenda

[308] Vgl. o.V.: Aareal Bank wettert gegen Leverage Ratio, in: Börsen-Zeitung, 31.05.2011, S. 5

[309] Zentraler Kreditausschuss: Stellungnahme des Zentralen Kreditausschusses zum Konsultationspapier des Basler Ausschusses „Strengthening the Resilience of the Banking Sector“, 2010, S. 32

[310] Vgl. ebenda, S. 32

Hiervon sind insbesondere Banken mit Spezialaufgaben betroffen, für die die LR eine Bedrohung für das Geschäftsmodell darstellt. So erzielen beispielsweise **Landesförderbanken** in der Regel nur geringe oder gar negative Margen mit ihrem Fördergeschäft. Um ihrem gesetzlichen Förderauftrag dennoch nachzukommen, müssen sie oftmals Erträge am Kapitalmarkt erzielen. Anstaltslast und Gewährträgerhaftung der Eigentümer sowie ein ausgezeichnetes Rating ermöglichen den Landesförderbanken eine günstige Refinanzierung, so dass eine konservative Anlagestrategie bei entsprechendem Volumen ausreichend Erträge generiert. Diese Konstellation – hohes, risikoarmes Anlagevolumen mit Fremdkapital refinanziert – bedeutet jedoch eine sehr geringe LR. Sofern die Einhaltung dieser Kennzahl gefährdet ist, müssten Landesförderbanken ihr Kapitalmarktgeschäft verringern – und damit entweder ihr Fördergeschäft einschränken oder ungleich höhere Risiken eingehen. Ein zusätzliches Problem für Förderbanken ergibt sich durch die europäische Umsetzung in der CRR, nach der Forderungen gegenüber Banken im KSA nicht mehr grundsätzlich in Abhängigkeit vom Sitzstaat zu gewichten sind.[311] Durch die Durchleitung der Förderkredite über Hausbanken weisen Landesförderbanken ein hohes Volumen an Verbindlichkeiten gegenüber Banken auf. Insofern werden sie von den strengeren Unterlegungspflichten für diese Forderungsklasse in besonderem Maße getroffen.[312]

Ebenso drohen Konsequenzen für das Geschäftsmodell von **Pfandbriefbanken**. Deren vergleichsweise hohe Bilanzsumme liegt in der wenig riskanten Deckungsmasse für insbesondere Immobilien-, Staats- und Kommunalfinanzierung, die gemäß Pfandbriefgesetz bilanziert werden muss. Die Erfüllung einer LR, wie sie Basel III vorsieht, ist für Pfandbriefbanken unter Beibehaltung des jetzigen Geschäftsmodells nahezu unmöglich.[313] Der Pfandbrief und das auf ihm basierende Geschäft sind als europäische Besonderheit auf eine entsprechende Berücksichtigung bei der Implementierung der neuen Basler Regeln angewiesen.[314]

Um die potenziellen Auswirkungen der LR abzumildern fordert der ZKA, dass die für die Einhaltung der LCR gehaltenen erstklassigen liquiden Aktiva bei der Berechnung

[311] Vgl. Kapitel 3.5, Rechtliche Umsetzung

[312] Vgl. Roebke: Förderbanken fürchten Basel III, in: Börsen-Zeitung, 02.02.2012, S. 3

[313] Vgl. Zentraler Kreditausschuss: Stellungnahme des Zentralen Kreditausschusses zum Konsultationspapier des Basler Ausschusses „Strengthening the Resilience of the Banking Sector", 2010, S. 34 f.; Gaumert/Götz/Ortgies, a.a.O., S. 6

[314] Vgl. Tolckmitt: Bei der Regulierung gibt es noch einiges zu tun, in: Börsen-Zeitung, 02.07.2011, online unter: http://www.boersen-zeitung.de/index.php?li=1&artid=2011125326

der LR nicht berücksichtigt werden.[315] Die Auswirkungen der LR auf Banken mit risikoarmen Geschäftsmodellen sollen zusammen mit weiteren unerwünschten Nebenwirkungen in den kommenden Jahren untersucht und bei der Festlegung der LR als verbindliche Kennzahl zum 01.01.2018 entsprechend berücksichtigt werden.[316]

4.5 Konsequenzen für die Kreditvergabe

Wie bereits ausgeführt, können die **verschärften Eigenkapitalvorschriften** einerseits durch eine Erhöhung des Eigenkapitals und andererseits durch eine Verringerung der Risikoaktiva erfüllt werden. Um negative Effekte auf die Kreditwirtschaft gering zu halten, hat der Basler Ausschuss Bestandsschutz und Übergangsregeln für eine sukzessive Einführung der neuen Vorschriften vorgesehen.[317] Inwieweit dieses Vorgehen ausreicht, um eine Kreditklemme zu verhindern, ist jedoch umstritten. Der ZKA legt sich fest: „Ein Abschmelzen der Eigenkapitalbasis durch verschärfte Anerkennungskriterien wird eine Verringerung des Kreditangebots an die Realwirtschaft nach sich ziehen. Die ebenfalls denkbare Reaktion der Kreditinstitute, ihre Eigenmittel deutlich zu erhöhen, wird bis auf weiteres entfallen."[318] Begründet wird diese Einschätzung mit immer neuen Regulierungsvorhaben auf internationaler, europäischer und nationaler Ebene mit nicht mehr abzuschätzenden Auswirkungen auf die Ertragslage. Zudem seien Investoren nicht mehr bereit in eine derart unsichere Branche zu investieren. Darüber hinaus kann es durch die Einführung der **LR** als verbindlich einzuhaltende Kennzahl zu einer weiteren Verknappung der Kredite kommen, wenn sie einen größeren Engpass als die risikobasierten Kapitalnormen darstellt. Auch die neuen Liquiditätsvorschriften können sich negativ auf die Kreditvergabe der Banken auswirken. Die im Rahmen der **LCR** vorzuhaltenden erstklassigen liquiden Aktiva führen dazu, dass die dem Institut zur Verfügung stehenden Mittel in deutlich geringerem Maße für die Vergabe von Krediten verwendet werden können.[319] Der ZKA erwartet „massive volkswirtschaftliche Verwerfungen"[320]. Eine Simulationsrechnung der Deutschen Bundesbank ergibt einen

---

[315] Vgl. Zentraler Kreditausschuss: Stellungnahme des Zentralen Kreditausschusses zum Konsultationspapier des Basler Ausschusses „International Framework for liquidity risk measurement, standards and monitoring", 2010, S. 6

[316] Vgl. Deutsche Bundesbank, a.a.O., 2011, S. 3

[317] Vgl. ebenda, S. 3

[318] Zentraler Kreditausschuss: Stellungnahme des Zentralen Kreditausschusses zum Konsultationspapier des Basler Ausschusses „Strengthening the Resilience of the Banking Sector", 2010, S. 2

[319] Vgl. ebenda, S. 2 f., 6

[320] Ebenda, S. 3

Rückgang des Kreditvolumens von 3% bis 2018. Ein stärkerer Rückgang wird demgegenüber bei Wertpapierbeständen und Auslandsaktiva erwartet.[321] Eine generelle Überprüfung der Kalibrierung der LCR ist vom Basler Ausschuss für 2013 geplant. Hierdurch sollen möglicherweise beobachtete unerwünschte Nebenwirkungen auf Märkte und Kreditvergabe vermieden werden.[322] Darüber hinaus kann die **NSFR** negative Auswirkungen auf länger laufende Kredite haben, sofern Banken nicht – wie von der Aufsicht gefordert – ihre Refinanzierung auf eine längerfristige Basis stellen, sondern stattdessen vermehrt Kredite mit kürzerer Laufzeit anbieten.[323] Heinrich Haasis, Präsident des Deutschen Sparkassen- und Giroverbandes (DSGV), bemängelte in diesem Zusammenhang, dass besonders einlagenstarke Kreditinstitute durch die NSFR gehindert werden, ihre langfristige Kreditvergabe im bisherigen Umfang fortzuführen.[324]

Ein weiterer massiver Eingriff in die gesamtwirtschaftlichen Prozesse stellt die Einführung des **antizyklischen Kapitalpuffers** dar. Die Festsetzung des Puffers in Phasen eines übermäßigen Kreditwachstums kann zu einer nicht unerheblichen Beeinflussung der Unternehmensfinanzierung führen. Gleichzeitig kann die Auflösung des Puffers im Abschwung die Kreditvergabe stärken. Ob dieser vom Basler Ausschuss gewünschte Stabilisierungseffekt eintritt oder ob Banken aus Reputationsgründen eine dauerhafte Einhaltung des antizyklischen Kapitalpuffers vorziehen, bleibt abzuwarten. In jedem Fall kann es durch die individuelle Festsetzung des Puffers durch die nationalen Aufsichtsbehörden zu unterschiedlichen Wettbewerbsbedingungen innerhalb der einzelnen europäischen Staaten kommen.[325]

---

[321] Vgl. Deutsche Bundesbank, a.a.O., 2010, S. 112

[322] Vgl. Deutsche Bundesbank, a.a.O., 2011, S. 31 f.

[323] Vgl. Thelen-Pischke/Eibl, a.a.O., S. 17

[324] Vgl. Finanzgruppe Deutscher Sparkassen- und Giroverband: Falsche Schlussfolgerungen aus der Finanzkrise: Internationale Regulierungen belasten vor allem stabile Retailinstitute, Pressemitteilung Nr. 87, 09.10.2010, online unter: http://www.dsgv.de/de/presse/pressemitteilungen/101009_PM_Regulierungen_87.html

[325] Vgl. Zentraler Kreditausschuss: Stellungnahme des Zentralen Kreditausschusses zum Konsultationspapier des Basler Ausschusses „Strengthening the Resilience of the Banking Sector", 2010, S. 45

5 Bedeutung von Basel III für die Kreditnehmer

5.1 Konsequenzen für Bankkunden

Die neuen Eigenkapital- und Liquiditätsvorschriften haben unterschiedliche Auswirkungen auf private Bankkunden. Zum einen werden Banken verpflichtet, eine höhere Kernkapitalquote mit qualitativ höherwertigen Eigenkapitalbestandteilen einzuhalten. Damit ist nicht nur das Geld der Bankkunden sicherer, sondern auch eine etwaige Bankenrettung durch den Staat, die den Privatkunden als Steuerzahler belasten würde, unwahrscheinlicher.[326] Die neuen Liquiditätsvorschriften verringern zudem das Risiko von Liquiditätsengpässen, durch welche ein Bankkunde im Falle eines so genannten Bank Runs[327] betroffen wäre. Darüber hinaus führen die NSFR und ihre „vergleichsweise günstigen Anrechnungssätze für Retailanlagen"[328] zu einem verstärkten Wettbewerb der Banken um stabile Einlagen von Privatkunden. Dies bedeutet für die Kunden eine attraktivere Verzinsung ihrer Spareinlagen.[329] Zum anderen ist aufgrund der höheren qualitativen und quantitativen Eigenkapitalanforderungen mit einer merklichen Erhöhung der Kreditzinsen zu rechnen.[330] Schließlich müssen Inhaber von Bankaktien mit geringeren Dividenden rechnen. Dies ist einerseits zurückzuführen auf die Notwendigkeit der Banken, ihre Eigenkapitalbasis durch Gewinnthesaurierung zu stärken, und andererseits auf die Ausschüttungsbeschränkungen bei Nichteinhaltung des Kapitalpuffers.[331] Ein umgekehrtes Bild zeigt sich bei der ethisch orientierten GLS Gemeinschaftsbank eG. Vor dem Hintergrund der neuen Eigenkapitalvorschriften wird die

---

[326] Vgl. ARD: http://www.tagesschau.de/wirtschaft/baseldrei102.html, Abruf am 01.03.2012

[327] „Ansturm der Einleger auf die Kassen einer Bank, um bei wirklichen oder vermeintlichen Zahlungsschwierigkeiten ihre Guthaben abzuziehen." Gabler Verlag: http://wirtschaftslexikon.gabler.de/Archiv/15470/bank-run-v6.html, Abruf am 08.03.2012

[328] Zentraler Kreditausschuss: Stellungnahme des Zentralen Kreditausschusses zum Konsultationspapier des Basler Ausschusses „International Framework for liquidity risk measurement, standards and monitoring", 2010, S. 3

[329] Vgl. Heidorn/Schmaltz/Schröter: Auswirkungen der neuen Basel-III-Kennzahlen auf die Liquiditätssteuerung: Net Stable Funding Ratio, in: Zeitschrift für das gesamte Kreditwesen, 2011, S. 1, 5; Thelen-Pischke/Eibl, a.a.O., S. 17; o.V.: „Der Kampf um Einlagen ist bereits voll im Gange", in: Börsen-Zeitung, 15.11.2011, S. 5

[330] Vgl. Zentraler Kreditausschuss: Stellungnahme des Zentralen Kreditausschusses zum Konsultationspapier des Basler Ausschusses „Strengthening the Resilience of the Banking Sector", 2010, S. 5 f.; Thelen-Pischke/Eibl, a.a.O., S. 20

[331] Vgl. ARD: http://www.tagesschau.de/wirtschaft/baseldrei102.html, Abruf am 01 03.2012

Bank zur Steigerung der Attraktivität ihrer Anteilsscheine künftig erstmals Dividenden ausschütten.[332]

5.2 Konsequenzen für Unternehmen

Basel III soll sicherstellen, dass Banken widerstandsfähiger gegenüber Stressphasen im Wirtschafts- und Finanzsektor werden. Somit soll auch das Wirtschaftswachstum unterstützt werden.[333] Bis es soweit ist, sind jedoch negative Auswirkungen auf Unternehmen nicht auszuschließen. In diesem Abschnitt soll untersucht werden, welche Konsequenzen die neuen Regeln nach Basel III insbesondere für mittelständische Unternehmen haben und wie diese hierauf reagieren.

Bereits mit **Basel II** kam es zu einer größeren Risikoorientierung bei der Kreditvergabe. **Externe** oder **bankinterne Ratings** wurden zum **zentralen Kriterium** für die Beurteilung der Kreditnehmer. Für Unternehmen mit schlechterer Bonität bedeuteten die risikobasierten Anforderungen zur Eigenkapitalunterlegung einen Anstieg der Kreditkosten sowie eine zögerliche oder mit Auflagen verbundene Kreditaufnahme.[334] Durch **Basel III** werden „keine grundsätzlichen Neuerungen“[335] am Prozess der Kreditvergabe vorgenommen. Allerdings nimmt der Einfluss des Risikogehalts eines Kredits auf die Eigenkapitalanforderungen durch die höhere Eigenkapitalunterlegung der risikogewichteten Aktiva weiter zu. Die Anforderungen für Kredite an Unternehmen schlechterer Bonität steigen überproportional zu den Anforderungen an weniger riskante Krediten an.[336] Folglich werden die Banken ihr Kreditportfolio in der Weise optimieren, dass der Anteil der Kreditnehmer mit hohen Unterlegungen weiter sinkt. Im Ergebnis wird die **Bedeutung eines guten externen bzw. bankinternen Ratings** für kreditsuchende Unternehmen weiter **zunehmen**.[337]

---

[332] Vgl. o.V.: Ethische GLS Bank will künftig Dividenden ausschütten, in: Handelsblatt, 05.12.2011, S. 34; GLS Bank: http://www.gls.de/die-gls-bank/aktuelles/detail/datum/2011/12/05/gls-bank-fuehrt-dividende-ein.html, Abruf am 08.03.2012

[333] Vgl. Basler Ausschuss für Bankenaufsicht, a.a.O., Pressemitteilung vom 12.09.2010, S. 1 f.

[334] Vgl. Müller/Brackschulze/Mayer-Friedrich: Finanzierung mittelständischer Unternehmen nach Basel III, Selbstrating, Risikocontrolling und Finanzierungsalternativen, 2011, S. 15 f.

[335] Ebenda, S. 21

[336] So sind für einen Unternehmenskredit in Höhe von 1 Mio. € für ein AA-Unternehmen 10.000 € und für ein B-Unternehmen 75.000 € mehr Eigenkapital vorzuhalten. Vgl. Beispiele in Kapitel 3.2.1 und 4.3.

[337] Vgl. Müller/Brackschulze/Mayer-Friedrich, a.a.O., S. 16, 21

Um dennoch einen Kredit zu erhalten bzw. durch Basel III ausgelöste zusätzliche Kreditkosten gering zu halten, werden die Unternehmen Anpassungsstrategien verfolgen, die ihr Rating weiter verbessern sollen. Hierbei ist für Unternehmen, deren kreditgebende Bank den **KSA** anwendet, das **externe Rating** von Bedeutung. In Deutschland verfügen allerdings nur wenige Unternehmen über ein externes Rating. Insbesondere mittelständische Unternehmen verzichten hierauf oftmals aus Kostengründen.[338] Im Fall eines nicht vorhandenen Ratings hat ein Unternehmen, dessen Bank den KSA anwendet, keine Möglichkeit, die erforderliche Eigenkapitalunterlegung der Bank für den Unternehmenskredit und damit die Kreditkonditionen zu beeinflussen. Verwendet die kreditgebende Bank einen **IRBA**, gilt es für die Unternehmen das **bankinterne Rating** zu verbessern. Hierfür sind Kenntnisse über die Zusammensetzung des bankinternen Ratings von Vorteil. Das bankinterne Rating basiert in der Regel auf drei Komponenten. Über eine **quantitative Analyse** der vorhandenen Daten wird versucht, bereits bestehende Risiken aufzudecken. Zu diesem Zweck wird insbesondere der Jahresabschluss ausgewertet. Zudem kann die Analyse der Kontodaten Aufschluss über das Zahlungsverhalten des Kreditnehmers geben. Im Rahmen einer **qualitativen Analyse** sollen zukünftige Erfolgs- und Gefahrenpotenziale ausfindig gemacht werden. Hierfür kommen umfassenden Fragebögen zum Einsatz, die das aus der quantitativen Analyse ermittelte Risiko erhöhen oder reduzieren können. Sowohl in die quantitative als auch in die qualitative Analyse fließen als dritte Komponente des bankinternen Ratingprozesses Informationen über das wirtschaftliche Umfeld des Unternehmens ein. Diese werden durch eine **Länder- und Branchenanalyse** generiert Die gewichteten Komponenten werden zu einem Gesamtrating verdichtet, dem eine entsprechende Ausfallwahrscheinlichkeit (PD) zugeordnet wird.[339] Die Grundstruktur eines bankinternen Ratingprozesses wird exemplarisch mit folgender Übersicht veranschaulicht:

---

[338] Vgl. Deutsche Bank: Ratingreport Deutschland, Was der Mittelstand über Basel II denkt, 2001, S. 9 f., online unter: http://www.osb-i.de/fileadmin/user_upload/Publikationen/Wimmer_Ratingreport_Deutschland.pdf; KfW:
ttp://www.kfw.de/kfw/de/Inlandsfoerderung/Weitere_Angebote/Ratingberater/Basiswissen_Rating/Ratingarten.jsp,
Abruf am 08.03.2012

[339] Vgl. Müller/Brackschulze/Mayer-Friedrich, a.a.O., S. 32 ff.; Daldrup: Rating, Ratingsysteme und ratingbasierte Kreditrisikoquantifizierung, in: Arbeitsbericht Nr. 17/2006, Institut für Wirtschaftsinformatik, Georg-August-Universität Göttingen, Schumann, 2006, S. 25, online unter: http://webdoc.sub.gwdg.de/ebook/serien/lm/arbeitsberichte_wi2/2006_17.pdf

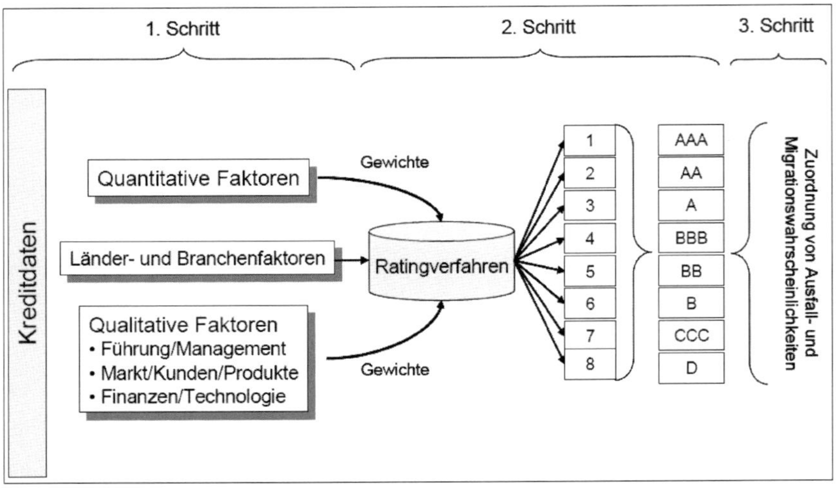

Abb. 29: Bankinterner Ratingprozess

Quelle: Daldrup: Rating, Ratingsysteme und ratingbasierte Kreditrisikoquantifizierung, in: Arbeitsbericht Nr. 17/2006, Institut für Wirtschaftsinformatik, Georg-August-Universität Göttingen, Schumann, 2006, S. 25, online unter: http://webdoc.sub.gwdg.de/ebook/serien/lm/arbeitsberichte_wi2/2006_17.pdf; Ammann/Jovic/Schmid: Der „IRB-Ansatz" als strategische Herausforderung für Banken, in: Der Schweizer Treuhänder, 2001, S. 918, online unter: http://www.almafinjaeger.com/files/download/publikationen/17_irb.ansatz.2001.pdf

Je nach Ausgangssituation kann ein Unternehmen somit durch unterschiedliche Maßnahmen eine **Verbesserung des bankinternen Ratings** erreichen. Beispielsweise kann durch Ausnutzung von Ansatz- und Bewertungswahlrechten eine Optimierung des Jahresabschlusses erreicht werden, der nach wie vor eine zentrale Rolle im bankinternen Ratingprozess einnimmt. Gegebenenfalls kann auch eine Umstellung der Bilanzierung auf IFRS, bei dem tendenziell ein höheres Eigenkapital bilanziert wird, von Vorteil sein.[340] Eine nachhaltigere Lösung als die Veränderung des Bilanzausweises stellt freilich die Verbesserung der Kennzahlen selbst dar. So kann beispielsweise durch eine Anpassung der Finanzierungsstruktur die Eigenkapitalquote erhöht werden. Die qualitativen Faktoren im Ratingprozess können unter anderem durch ein funktionieren-

[340] Vgl. Müller/Brackschulze/Mayer-Friedrich, a.a.O., S. 22 ff.;. Lembke: Bilanzpolitik im Einzelabschluss nach HGB und IAS/IFRS im Vergleich, 2007, S. 12, online unter: ttp://books.google.de/books?id=HlTqAW39Q_8C&pg=PA12&lpg=PA12&dq=ifrs+tendenziell+mehr+eigenkapital&source=bl&ots=M3Beqop_Wj&sig=ILG4TanZSRWqukQ5moq6kPs2x4M&hl=de&sa=X&ei=NF1CT_agDMHtsgbwteXABg&ved=0CDYQ6AEwAg#v=onepage&q=ifrs%20tendenziell%20mehr%20eigenkapital&f=false

des Risikomanagement zur Erkennung, Bewertung und Steuerung der Risiken verbessert werden. Auch durch eine verbesserte Kommunikation mit der Bank kann sich eine günstigere Bewertung ergeben. Zu diesem Zweck muss jedoch die zu beobachtende Zurückhaltung mittelständischer Unternehmen bei der Herausgabe von Unternehmensdaten abgelegt werden.[341]

Bei sämtlichen Strategien zur Verbesserung des eigenen Ratings gilt es allerdings zu bedenken, dass schon die Regelungen nach Basel II einen Anpassungsdruck auf die Unternehmen ausgelöst haben. Ein Unternehmen, das sein Rating bereits durch umfangreiche Maßnahmen optimiert hat, wird für eine weitere Verbesserung nur noch wenig Spielraum haben. Sofern Unternehmen ihr Rating nicht verbessern können, droht ihnen eine Verteuerung der Kreditfinanzierung. Kommt es zu einer flächendeckenden Kreditklemme, ergeben sich für Unternehmen mit schlechterer Bonität zudem Schwierigkeiten, überhaupt einen Kredit zu bekommen. Theo Zellner, bayerischer Verbandschef der Sparkassen, befürchtet neben einer zwangsläufigen Verteuerung der Mittelstandskredite ein deutlich geringeres Kreditvolumen für langfristige Refinanzierungen.[342] Die Volks- und Raiffeisenbanken schließen eine Kreditklemme für ihre Kunden indes aus. Allerdings sehen auch sie die Gefahr einer Verteuerung von Mittelstandskrediten.[343]

Eine weitere Möglichkeit zur Senkung der Eigenkapitalkosten einer Bank und damit zur Verbesserung der Kreditkonditionen ergibt sich sowohl im KSA als auch im IRBA durch die Stellung von finanziellen Sicherheiten. Verwendet die kreditgebende Bank den **fortgeschrittenen IRB-Ansatz** können umfangreichere Sicherheiten (LGD) angesetzt werden.[344] Zusätzlich kann hier die Eigenkapitalunterlegung durch eine Verkürzung der Laufzeit (M) reduziert werden.

Unternehmenskredite mit einer Kreditsumme von weniger als einer Mio. € werden ebenso wie Privatkredite bis zu dieser Höhe weiterhin mit einem Risikogewicht von 75% gewichtet. Aufgrund der höheren Eigenkapitalunterlegung kommt es damit auch im Mengengeschäft zu einer Verteuerung. Hiergegen wird von verschiedenen Seiten aufbegehrt. So fordert beispielsweise Uwe Fröhlich, Präsident des Bundesverbandes der

---

[341] Vgl. Müller/Brackschulze/Mayer-Friedrich, a.a.O., S. 25 ff.
[342] Vgl. o.V.: Bayerns Kreditverbände laufen Sturm gegen Basel III, in: Börsen-Zeitung, 15.09.2011, S. 5
[343] Vgl. o.V.: „Keine Kreditklemme", Volks- und Raiffeisenbanken mit Zuwächsen, in Handelsblatt, 15.02.2012, online unter: http://www.handelsblatt.com/unternehmen/banken/keine-kreditklemme-volks-und-raiffeisenbanken-mit-zuwaechsen/6212618.html
[344] Vgl. Basler Ausschuss für Bankenaufsicht, a.a.O., S. 41 f., 75 ff.

Deutschen Volksbanken und Raiffeisenbanken (BVR), eine Beibehaltung der Eigenkapitalunterlegung von 6% im KSA (75% * 8% = 6%).[345] Die EU-Kommission untersucht deshalb im Rahmen der Umsetzung von Basel III ein Szenario, in dem die Anforderungen um ein Drittel reduziert werden.[346] Hierdurch würde sich das Risikogewicht für das Mengengeschäft auf 50% verringern und bei einer angenommenen Kapitalanforderung von 12%, bestehend aus 8% zuzüglich 2,5% Kapitalerhaltungspuffer und 1,5% antizyklischer Kapitalpuffer, in einer Eigenkapitalunterlegung von weiterhin 6% (50% * 12% = 6%) resultieren.[347] Dies wäre eine deutliche Verbesserung im Vergleich zu den Basler Empfehlungen. Allerdings gibt es auch Argumente, die gegen eine solche Ausnahme von den Basler Regelungen sprechen. So lehnt beispielsweise der Bundesverband deutscher Banken (BdB) die geforderte Erleichterung mit der Begründung ab, dass Regulierungen nur dann wirklich greifen, wenn sie für alle gelten und auch angewendet werden. Dies habe die Finanzkrise gezeigt.[348]

Es lässt sich somit festhalten, dass Unternehmen mit erhöhten Finanzierungskosten rechnen müssen. Dies betrifft insbesondere mittelständische Unternehmen, bei denen der Bankkredit die Hauptquelle der Fremdkapitalfinanzierung darstellt.[349] Basel III hat jedoch auch Auswirkungen auf Unternehmen, die Fremdkapital direkt am Kapitalmarkt aufnehmen. Banken, die bislang in Unternehmensanleihen investiert haben, müssen künftig zur Einhaltung der LCR vermehrt Staatsanleihen in ihrem Bestand halten. Im Ergebnis steht eine verringerte Nachfrage nach Schuldverschreibungen, die sich in verschlechterten Refinanzierungsmöglichkeiten der Unternehmen am Kapitalmarkt sowie höheren Finanzierungskosten niederschlägt.[350]

---

[345] Vgl. Bundesverband der Deutschen Volksbanken und Raiffeisenbanken – BVR: Verteuerung von Mittelstandskrediten verhindern, Pressemitteilung vom 25.01.2012, online unter: http://www.presseportal.de/pm/40550/2187140/verteuerung-von-mittelstandskrediten-verhindern

[346] Vgl. Europäische Kommission, a.a.O., S.15; Schmitt, a.a.O., S. 2348

[347] Je nach Festsetzung des antizyklischen Kapitalpuffers durch die Aufsicht (0 - 2,5%) liegt die genaue Unterlegung knapp über bzw. unter 6%.

[348] Vgl. o.V.: Bankenverbände weiter uneins bei Basel III, in: Börsen-Zeitung, 26.01.2012, S. 3

[349] Vgl. Müller/Brackschulze/Mayer-Friedrich, a.a.O., S. 205; Burgbacher: Mittelstand gerät in eine Finanzklemme, in: Handelsblatt, 07.12.2011, S. 8

[350] Vgl. Zentraler Kreditausschuss: Stellungnahme des Zentralen Kreditausschusses zum Konsultationspapier des Basler Ausschusses „International Framework for liquidity risk measurement, standards and monitoring", 2010, S. 3, 7

6 Bewertung der neuen Regeln nach Basel III

In den vorangegangenen Kapiteln wurden die neuen Regelungen nach Basel III auf ihre Vor- und Nachteile sowie ihre Auswirkungen auf Banken und Kreditnehmer untersucht. Abschließend soll nun eine kritische Bewertung vorgenommen werden, inwieweit die mit Basel III verfolgten Ziele mit den vorgestellten Änderungen realistisch erscheinen und welche Risiken weiterhin bestehen.

Durch die Erhöhung des erforderlichen regulatorischen Eigenkapitals sowie durch die Verbesserung seiner Qualität wird die **Widerstandsfähigkeit der Banken** gestärkt. Diese sind nunmehr in der Lage, höhere Verluste zu absorbieren, so dass die Notwendigkeit staatlicher Rettungsmaßnahmen unwahrscheinlicher wird. Zusätzlich bedeuten die neuen Liquiditätsvorschriften eine **größere Robustheit der Banken** gegenüber kurzfristigen Liquiditätsstörungen sowie langfristig eine **höhere Stabilität** in Bezug auf ihre Refinanzierung. Somit kann von einer **Erhöhung der Stabilität des Finanzsystems** ausgegangen werden. Gleichzeitig ist allerdings mit negativen Auswirkungen der neuen Regelungen sowohl auf Banken als auch auf die Gesamtwirtschaft zu rechnen. So müssen Banken beispielsweise ihre Eigenkapitalbasis erheblich verbessern, während ihre **Ertragslage deutlich geschwächt** wird. Ein Abbau der Risikoaktiva wirkt sich dabei negativ auf die Kreditnehmer aus, die eine **Verknappung oder zumindest Verteuerung ihrer Finanzierung** befürchten müssen. Der angestrebte Drahtseilakt, den Bankensektor widerstandsfähiger zu machen und gleichzeitig eine Erholung der Wirtschaft nicht zu gefährden, grenzt an den Versuch der Quadratur des Kreises. Inwieweit die Übergangsregelungen geeignet sind, die negativen Folgen abzumildern, werden die kommenden Jahre zeigen. In jedem Fall bedarf es bei der Installation der neuen Kennzahlen wie LCR, NSFR und insbesondere der umstrittenen LR **umfangreicher Anpassungen**. Die Ergebnisse der vorgesehenen Beobachtungsphasen werden großen Einfluss auf das Erreichen der ambitionierten Ziele von Basel III haben.

Ein weiterer wichtiger Erfolgsfaktor für Basel III ist eine **einheitliche globale Umsetzung**. Nur so können massive Wettbewerbsverzerrungen verhindert werden.[351] Dies umfasst insbesondere eine konsequente Umsetzung in den USA, wo die Finanzkrise 2007 ihren Ursprung nahm und selbst Basel II bislang noch nicht umgesetzt wurde.

---

[351] Vgl. Deutsche Bundesbank, a.a.O., 2011, S. 5; PricewaterhouseCoopers: http://www.pwc.de/de/finanzdienstleistungen/basel-iii-fakten-und-folgen-der-neuregulierung.jhtml, Abruf am 08.03.2012; Zentraler Kreditausschuss: Stellungnahme des Zentralen Kreditausschusses zum Konsultationspapier des Basler Ausschusses „Strengthening the Resilience of the Banking Sector“, 2010, S. 4

Positiv ist in diesem Zusammenhang zu sehen, dass die US-Notenbank Federal Reserve die Einführung von Basel III, allen Widerständen zum Trotz, zu unterstützen scheint.[352] Allerdings gilt es zu bedenken, dass in den USA, anders als in Europa, die neuen Regelungen nur für international tätige Banken gelten würden. In Zahlen ausgedrückt bedeutet dies die Umsetzung für höchstens 20 Banken in den USA im Gegensatz zu rund 12.000 Banken in Europa.[353]

Ein großer Kritikpunkt an Basel III ist die beibehaltene **Nullgewichtung für Forderungen gegenüber europäischen Staaten** im KSA. Insbesondere vor dem Hintergrund der aktuellen Staatsschuldenkrise erscheint es nicht angemessen, dass beispielsweise Forderungen gegenüber Griechenland nicht mit Eigenkapital unterlegt werden müssen. Somit lässt sich konstatieren, dass eine wichtige Lehre der Finanzkrise nicht berücksichtigt wurde.[354] Stefan Ingves, Schwedens Reichsbankgouverneur und aktuell Vorsitzender des Basler Ausschusses, hat deshalb eine Diskussion über die künftige Kapitalunterlegung von Staatsanleihen in Aussicht gestellt.[355]

Des Weiteren wird das so genannte **Too-big-to-fail-Dilemma** nicht von Basel III gelöst.[356] Mit Too-big-to-fail wird die Problematik beschrieben, dass Großbanken im Notfall durch Staatshilfen gerettet werden müssen, da ihr Untergang das gesamte Finanzsystem mitreißen würde. Um dieser Problematik zu begegnen, veröffentlichte der Basler Ausschuss im November 2011 zusätzliche Anforderungen für systemrelevante Banken (Global Systemically Important Banks, G-SIBs). In Abhängigkeit vom Ausmaß der Systemrelevanz müssen G-SIBs zwischen 1% und 2,5% zusätzliches hartes Kernkapital vorhalten.[357] Hierdurch soll zum einen die Wahrscheinlichkeit und zum anderen die Auswirkung eines Ausfalls reduziert werden. In Deutschland sind von den zusätzlichen Anforderungen derzeit die Deutsche Bank AG und die Commerzbank AG betroffen.[358] Die erhöhten Anforderungen für G-SIBs sollen nach Umsetzung in nationales

---

[352] Vgl. Gaumert/Götz/Ortgies, a.a.O., S. 8 f.; o.V.: Fed unterstützt Basel III gegen Lobby, in: Börsen-Zeitung, 20.12.2011, S. 4; Heider, a.a.O., S. 229 ff.

[353] Vgl. Frühauf: Vertrauensfrage, in: Frankfurter Allgemeine Zeitung, 20.12.2011, S. 11

[354] Vgl. Europäische Kommission, a.a.O., S. 125; Schulte-Mattler/Manns, a.a.O., S. 2078; Schmitt, a.a.O., S. 2348

[355] Vgl. Proissl,/Harnischfeger: Topaufseher rüttelt an Tabu, in: Financial Times Deutschland, 10.11.2011, S. 15

[356] Vgl. o.V.: Fed unterstützt Basel III gegen Lobby, in: Börsen-Zeitung, 20.12.2011, S. 4

[357] Die höchste Stufe sieht eine Unterlegung von 3,5% vor und ist bei einem weiteren Ausbau der Systemrelevanz vorgesehen.

[358] Vgl. Financial Stability Board: Policy Measures to Address Systemically Important Financial Institutions, Veröffentlichung vom 04.11.2011, online unter: http://www.financialstabilityboard.org/publications/r_111104bb.pdf

Recht parallel zu den Kapitalpuffern von 2016 bis 2018 sukzessive eingeführt werden.[359]

Schließlich besteht die Gefahr, dass Risiken aus dem regulierten in den nicht regulierten Bereich verlagert werden und die neuen Basler Regelungen somit ins Leere laufen.[360] Beispielsweise ist denkbar, dass die Fristentransformation in zunehmendem Maße von unregulierten Unternehmen durchgeführt wird.[361] Auch im Vorfeld der 2007 beginnenden Finanzkrise wurden Geschäfte gezielt auf Zweckgesellschaften ausgelagert, um auf diese Weise bankaufsichtliche Vorschriften zu umgehen.[362] Damit derartige Ausweichreaktionen zukünftig vermieden werden können, bedarf es der Regulierung so genannter **Schattenbanken**. Schattenbanken sind „Unternehmen, die Finanzgeschäfte wie eine Bank betreiben – dabei allerdings nicht wie ein reguläres Kreditinstitut von der Finanzaufsichtsbehörde kontrolliert werden"[363]. Hierunter fallen beispielsweise Hedgefonds und Geldmarktfonds. Elke König, seit Anfang 2012 neue BaFin-Präsidentin, hat bei ihrer Antrittsrede ebenfalls die Notwendigkeit einer Regulierung von Schattenbanken herausgestellt.[364]

Vor diesem Hintergrund erscheinen die Aussichten, dass Basel III künftige **Finanzkrisen verhindern** kann, wenig erfolgversprechend. Die neuen Regelungen werden vielmehr dazu beitragen, die Auswirkungen einer Krise auf das Finanzsystem gering zu halten.[365] Schon die Historie hat gezeigt, dass neue Eigenkapital- und Liquiditätsvorschriften zwar geeignet sind, in der Vergangenheit beobachtete Missstände zu beseitigen, im Anschluss späterer Verwerfungen jedoch stets umfangreich reformiert werden müssen. Auch in Zukunft wird es Banken geben, die gezielt nach Regulierungslücken suchen und diese für ihre Zwecke ausnutzen. Eine stetige Nachbesserung der bankaufsichtlichen Vorschriften ist daher unumgänglich. Letztendlich liegt es jedoch auch an

---

[359] Vgl. Basler Ausschuss für Bankenaufsicht: Global systemrelevante Banken: Bewertungsmethodik und Anforderungen an die zusätzliche Verlustabsorptionsfähigkeit, 2011, S. 3, 16 f., 24, online unter: http://www.bis.org/publ/bcbs207_de.pdf; Bundesverband Öffentlicher Banken Deutschlands: http://www.voeb.de/de/themen/bankenaufsicht/anforderungen_basel_globale_institute, Abruf am 08.03.2012

[360] Vgl. Deutsche Bundesbank, a.a.O., 2011, S. 4, 38

[361] Vgl. Zentraler Kreditausschuss: Stellungnahme des Zentralen Kreditausschusses zum Konsultationspapier des Basler Ausschusses „International Framework for liquidity risk measurement, standards and monitoring", 2010, S. 9

[362] Vgl. Paul: Aus der Banken- und Finanzgeschichte, Bankenregulierung stärker prinzipienorientiert ausgestalten, in: Börsen-Zeitung, 01.06.2011, S. 19.

[363] o.V.: Aktuelles Lexikon, Schattenbanken, in: Süddeutsche Zeitung, 27.01.2012, S. 2

[364] Vgl. o.V.: Bafin: Schattenbanken bald regeln, in: Frankfurter Allgemeine Zeitung, 04.02.2012, S. 12; o.V.: Neue BaFin-Chefin nimmt Schattenbanken ins Visier, in: Die Welt, 25.01.2012, S. 9

[365] Vgl. Deutsche Bundesbank, a.a.O., 2011, S. 5; PricewaterhouseCoopers: http://www.pwc.de/de/finanzdienstleistungen/basel-iii-fakten-und-folgen-der-neuregulierung.jhtml, Abruf am 08.03.2012

den Instituten selbst, ihre Risiken im Griff zu haben, und entsprechende Vorkehrungen zu treffen, die über die gesetzlichen Vorgaben hinausgehen.[366]

[366] Vgl. o.V.: Aareal Bank wettert gegen Leverage Ratio, in: Börsen-Zeitung, 31.05.2011, S. 5

Literaturverzeichnis

Albert, Anja: Kommentierung zum Kreditwesengesetz, § 11 Liquidität, in: Kreditwesengesetz, Kommentar, Reischauer, Friedrich/Kleinhans, Joachim, Berlin, 2011

Althof, Andrè: Glossar, in: Praktiker-Handbuch Basel II, Becker, Axel/Gaulke, Markus/Wolf, Martin, Köln 2005

Alvarez-Plata, Patricia/Engerer, Hella/Preiffer, Ingo/Schrooten, Mechthild: Evaluierungsuntersuchung zur Bewertung der Aufsicht der Kreditwirtschaft und Erstellung eines Erfahrungsberichts (Erfahrungsbericht Bankenaufsicht), Deutsches Institut für Wirtschaftsforschung Berlin, 2. Auflage, Berlin 2006, online unter: http://www.diw.de/documents/publikationen/73/diw_01.c.44968.de/diwkompakt_2006-024.pdf

Ammann, Manuel/Jovic, Dean/Schmid, Christian: Der „IRB-Ansatz“ als strategische Herausforderung für Banken, in: Der Schweizer Treuhänder, 84. Jahrgang, 2001, Heft 10, online unter: http://www.almafinjaeger.com/files/download/publikationen/17_irb.ansatz.2001.pdf

ARD: http://www.tagesschau.de/wirtschaft/baseldrei102.html, Abruf am 01.03.2012

BaFin: MaRisk – Anschreiben zur Veröffentlichung der Neufassung, Bonn/Frankfurt 2010, online unter http://www.bafin.de/cln_235/nn_722754/SharedDocs/Veroeffentlichungen/DE/Service/Rundschreiben/2010/rs__1011__ba__anschreiben.html

BaFin: Jahresbericht der Bundesanstalt für Finanzdienstleistungsaufsicht '10, Bonn/Frankfurt 2011, online unter: http://www.bafin.de/cln_235/nn_722604/SharedDocs/Downloads/DE/Service/Jahresberichte/2010/jb__2010__gesamt,templateId=raw,property=publicationFile.pdf/jb_2010_gesamt.pdf

BaFin: Liste der für die bankaufsichtliche Risikogewichtung anerkannten Ratingagenturen samt Mapping, Bonn/Frankfurt 2011, online unter: http://www.bafin.de/cln_161/nn_721290/SharedDocs/Veroeffentlichungen/DE/Service/Auslegungsentscheidungen/Bankenaufsicht/ae__110509__ratingagenturen.html?__nnn=true

BaFin: Rundschreiben 3/2010 (BA) - Meldungen zur modifizierten bilanziellen Eigenkapitalquote gemäß § 24 Abs. 1 Nr. 16, Abs. 1a Nr. 5 KWG, Bonn/Frankfurt 2010, online unter: http://www.bafin.de/cln_228/nn_721290/SharedDocs/Veroeffentlichungen/DE/Service/Rundschreiben/2010/rs__1003__ba__mod__bilanzielle__ekquote.html?__nnn=true

BaFin: Rundschreiben 11/2010 (BA) – Mindestanforderungen an das Risikomanagement – MaRisk, Bonn/Frankfurt 2010, online unter: http://www.bafin.de/cln_161/nn_721290/SharedDocs/Veroeffentlichungen/DE/Service/Rundschreiben/2010/rs__1011__ba__marisk.html?__nnn=true

BaFin: http://www.bafin.de/DE/BaFin/Grundlagen/Geschichte/geschichte__node.html?__nnn=true
http://www.bafin.de/cln_228/SharedDocs/Downloads/DE/Service/Auslegungsentscheidung/ae__100625__leverage__ratio__berechnungsschema,templateId=raw,property=publicationFile.pdf/ae_100625_leverage_ratio_berechnungsschema.pdf
Abruf jeweils am 01.03.2012

Balke, Christoph/Brüling, Sabine: Fristentransformation als Ertragsquelle, in: Die Bank, Zeitschrift für Bankpolitik und Praxis, 109. Jahrgang, 2009, Ausgabe 6, online unter: http://www.die-bank.de/betriebswirtschaft/fristentransformation-als-ertragsquelle
Bank for International Settlements: Instruments eligible for inclusion in Tier 1 capital, Press release 27.10.1998, online unter: http://www.bis.org/press/p981027.htm

Basel Committee on Banking Supervision: Definition of capital disclosure requirements, Consultative document, Basel 2011, online unter: http://www.bis.org/publ/bcbs212.pdf

Basel Committee on Banking Supervision: Enhancements to the Basel II framework, Basel 2009, online unter: http://www.bis.org/publ/bcbs157.pdf?noframes=1

Basel Committee on Banking Supervision: Guidance for national authorities operating the countercyclical capital buffer, Basel 2010, online unter: http://www.bis.org/publ/bcbs187.pdf

Basel Committee on Banking Supervision: Results of the comprehensive quantitative impact study, Basel 2010, online unter: http://www.bis.org/publ/bcbs186.pdf

Basler Ausschuss für Bankenaufsicht: Änderung der Eigenkapitalvereinbarung zur Einbeziehung der Marktrisiken, Basel 1996, online unter: http://www.bis.org/publ/bcbs24ade.pdf

Basler Ausschuss für Bankenaufsicht: Basel III: Ein globaler Regulierungsrahmen für widerstandsfähigere Banken und Bankensysteme, überarbeitete Fassung, Basel 2011, online unter: http://www.bis.org/publ/bcbs189_de.pdf

Basler Ausschuss für Bankenaufsicht: Global systemrelevante Banken: Bewertungsmethodik und Anforderungen an die zusätzliche Verlustabsorptionsfähigkeit, Basel 2011, online unter: http://www.bis.org/publ/bcbs207_de.pdf

Basler Ausschuss für Bankenaufsicht: Gruppe der Zentralbankpräsidenten und Leiter der Bankenaufsichtsinstanzen gibt höhere globale Mindestkapitalanforderungen bekannt, Pressemitteilung vom 12.09.2010, online unter: http://www.bis.org/press/p100912_de.pdf

Basler Ausschuss für Bankenaufsicht: Basel III: Internationale Rahmenvereinbarung über Messung, Standards und Überwachung in Bezug auf das Liquiditätsrisiko, Basel 2010, online unter: http://www.bis.org/publ/bcbs188_de.pdf

Basler Ausschuss für Bankenaufsicht: Gruppe der Zentralbankpräsidenten und Leiter der Bankenaufsichtsinstanzen erzielt grundsätzliche Einigung über das Reformpaket des Basler Ausschusses zu Eigenkapital und Liquidität, Pressemitteilung vom 26.07.2010, online unter: http://www.bis.org/press/p100726_de.pdf

Basler Ausschuss für Bankenaufsicht: Internationale Konvergenz der Eigenkapitalmessung und Eigenkapitalanforderungen, Basel 1988, aktualisiert bis April 1998, online unter: http://www.bis.org/publ/bcbsc111de.pdf

Basler Ausschuss für Bankenaufsicht: Internationale Konvergenz der Eigenkapitalmessung und Eigenkapitalanforderungen, Überarbeitete Rahmenvereinbarung, umfassende Version, Basel 2006, online unter: http://www.bis.org/publ/bcbs128ger.pdf

Bauer, Thomas: Mehr Eigenkapital für die Helaba, in: Handelsblatt, 02.11.2011

Becker, Axel/Gaulke, Markus/Wolf, Martin: Vorwort der Herausgeber, in: Praktiker-Handbuch Basel II, Becker, Axel/Gaulke, Markus/Wolf, Martin, Köln 2005

Berliner Institut für Finanzmarktforschung GmbH: Stellungnahme zum Entwurf eines Gesetzes zur Umsetzung der geänderten Bankenrichtlinie und der geänderten Kapitaladäquanzrichtlinie, Berlin 2010, online unter: http://www.bundestag.de/bundestag/ausschuesse17/a07/anhoerungen/2010/019/Stellungnahmen/21_Dr__Martina_Metzger.pdf

Böger, Andreas/Heidorn, Thomas/Graf Waldstein, Philipp: Hybrides Kernkapital für Kreditinstitute, Hochschule für Bankwirtschaft, Frankfurt 2000, online unter: www.frankfurt-school.de/dms/Arbeitsberichte/Arbeits22.pdf

Boos, Karl-Heinz/Fischer, Reinfrid/Schulte-Mattler, Hermann: Kreditwesengesetz, Kommentar, 3. Auflage, München 2008

Brzenk, Tatsiana/Cluse, Michael/Leonhardt, Anne: Basel III: Die neuen Basler Liquiditätsanforderungen, White Paper No. 37, Deloitte & Touche GmbH Wirtschaftsprüfungsgesellschaft, o.O. 2011, online unter: http://www.deloitte.com/assets/ Dcom-Germany/Local%20Assets/Documents/15_ERS/2010/de_WP_ERS_FRS_ WP3_%2006012011.pdf

Bundesministerium der Finanzen: http://www.bundesfinanzministerium.de/nn_39814/ DE/BMF__Startseite/Multimedia/Einfach-Erklaert/Basel-III/Basel-III-Artikel.html, Abruf am 03.03.2012

Bundesministerium für Wirtschaft und Technologie: Burgbacher: Mittelstandsfinanzierung darf nicht durch Bankenregulierung gefährdet werden!, Pressemitteilung 01.09.2011, online unter: http://www.bmwi.de/BMWi/Navigation/Presse/ pressemitteilungen,did=439424.html

Bundesverband der Deutschen Volksbanken und Raiffeisenbanken – BVR: Verteuerung von Mittelstandskrediten verhindern, Pressemitteilung vom 25.01.2012, online unter: http://www.presseportal.de/pm/40550/2187140/verteuerung-von-mittelstandskrediten-verhindern

Bundesverband deutscher Banken e.V.: http://www.bankenverband.de/themen/ fachinformationen/mittelstandspolitik/welche-auswirkungen-hat-basel-iii-auf-den-mittelstand, Abruf am 03.03.2012

Bundesverband Öffentlicher Banken Deutschlands: http://www.voeb.de/de/themen/ bankenaufsicht/anforderungen_basel_globale_institute, Abruf am 08.03.2012

Burgbacher, Ernst: Mittelstand gerät in eine Finanzklemme, in: Handelsblatt, 07.12.2011

Committee of European Banking Supervisors: Results of the comprehensive quantitative impact study, London 2010, online unter: http://www.eba.europa.eu/cebs/media/Publications/Other%20Publications/QIS/EU-QIS-report-2.pdf

Daldrup, Andre: Rating, Ratingsysteme und ratingbasierte Kreditrisikoquantifizierung, in: Arbeitsbericht Nr. 17/2006, Institut für Wirtschaftsinformatik, Georg-August-Universität Göttingen, Schumann, Matthias, 2006, online unter: http://webdoc.sub.gwdg.de/ebook/serien/lm/arbeitsberichte_wi2/2006_17.pdf

Deutsche Bank: Ratingreport Deutschland, Was der Mittelstand über Basel II denkt, Frankfurt 2001, online unter: http://www.osb-i.de/fileadmin/user_upload/Publikationen/Wimmer_Ratingreport_Deutschland.pdf

Deutsche Bundesbank: Der neue Grundsatz I, in: Monatsbericht Mai 1998, 50. Jahrgang, 1998, Nr. 5, online unter: http://www.bundesbank.de/download/bankenaufsicht/pdf/neugrdsi.pdf

Deutsche Bundesbank: Die Umsetzung der neuen Eigenkapitalregelungen für Banken in deutsches Recht, in: Monatsbericht Dezember 2006, 58. Jahrgang, 2006, Nr. 12, online unter: http://www.bundesbank.de/download/volkswirtschaft/monatsberichte/2006/200612bbk_mb.pdf

Deutsche Bundesbank: Finanzstabilitätsbericht 2010, Frankfurt 2010, S. 112, online unter: http://www.bundesbank.de/download/volkswirtschaft/finanzstabilitaetsberichte/finanzstabilitaetsbericht2010.pdf

Deutschte Bundesbank: Group of Governors of Centralbanks and Heads of Supervisions (GHoS) einigen sich auf höhere Mindestkapitalanforderungen, Pressenotiz vom 13.09.2010, online unter: http://www.bundesbank.de/download/presse/pressenotizen/2010/20100913.mindestkapitalanforderungen.php

Deutsche Bundesbank: Basel III – Leitfaden zu den neuen Eigenkapital- und Liquiditätsregeln für Banken, o.O. 2011, online unter: http://www.bundesbank.de/download/bankenaufsicht/pdf/basel3_leitfaden.pdf

Deutsche Bundesbank: Neue Eigenkapitalanforderungen für Kreditinstitute (Basel II), in: Monatsbericht September 2004, 56. Jahrgang, 2004, Nr. 9, online unter: http://www.bundesbank.de/download/volkswirtschaft/monatsberichte/2004/200409mb_bbk.pdf

Deutsche Bundesbank: Rechnungslegungsstandards für Kreditinstitute im Wandel, in: Monatsbericht Juni 2002, 54. Jahrgang, 2002, Nr. 6, online unter: http://www.bundesbank.de/download/bankenaufsicht/pdf/rechnungslegung.pdf

Deutsche Bundesbank:
http://www.bundesbank.de/bankenaufsicht/bankenaufsicht_basel.php,
http://www.bundesbank.de/bankenaufsicht/bankenaufsicht_basel_saeule1.php,
http://www.bundesbank.de/bankenaufsicht/bankenaufsicht_3basel.php,
Abruf jeweils am 05.03.2012,
http://www.bundesbank.de/bankenaufsicht/bankenaufsicht_eigen_adressrisikopositionen.php, Abruf am 01.03.2012

Deutsche Bundesbank/BaFin: Praxis des Liquiditätsrisikomanagements in ausgewählten deutschen Kreditinstituten, o.O. 2007, online unter http://www.bundesbank.de/download/bankenaufsicht/pdf/liquiditaetsrisikomanagement.pdf

Die Deutsche Kreditwirtschaft: http://www.die-deutsche-kreditwirtschaft.de/dk/die-deutsche-kreditwirtschaft.html, Abruf am 11.03.2012

Dübel, Hans-Joachim: Rettung der Hybridkapitalgeber, d.h. Eigenkapitalgeber, der Banken mit Steuergeldern in Deutschland, eine erste Annäherung, Berlin 2010, online unter: http://www.finpolconsult.de/mediapool/16/169624/data/Duebel_Rettung_der_Hybridkapitalgeber_bei_Banken_durch_Staat_10.pdf

DZ Bank AG: DZ Bank Gruppe: Umwidmung der Dotierung der § 340 f HGB-Reserven in § 340 g HGB-Reserven, Investor Relations Information, 29.04.2011, online unter: http://www.dzbank.de/unternehmen/index.jsp?path=/downloads/Umwidmung_HGB_Reserven_IR.pdf

EBA: http://www.eba.europa.eu/Aboutus.aspx, Abruf am 07.03.2012

Europäische Kommission: Vorschlag für eine Verordnung des Europäischen Parlaments und des Rates über Aufsichtsanforderungen an Kreditinstitute und Wertpapierfirmen Teil 1 (Text von Bedeutung für den EWR), 2011, online unter: http://eur-lex.europa.eu/LexUriServ/LexUriServ.do?uri=SPLIT_COM:2011:0452%2801%29:FIN:DE:PDF

Financial Stability Board: Policy Measures to Address Systemically Important Financial Institutions, Veröffentlichung vom 04.11.2011, online unter: http://www.financialstabilityboard.org/publications/r_111104bb.pdf

Finanzgruppe Deutscher Sparkassen- und Giroverband: Falsche Schlussfolgerungen aus der Finanzkrise: Internationale Regulierungen belasten vor allem stabile Retailinstitute, Pressemitteilung Nr. 87, 09.10.2010, online unter: http://www.dsgv.de/de/presse/pressemitteilungen/101009_PM_Regulierungen_87.html

Franke, Daniel: http://www.kredit-und-finanzen.de/basel-2/basel-1.html, Abruf am 07.03.2012

Frühauf, Markus: Vertrauensfrage, in: Frankfurter Allgemeine Zeitung, 20.12.2011

Gabler Verlag: http://wirtschaftslexikon.gabler.de/Archiv/15470/bank-run-v6.html,
http://wirtschaftslexikon.gabler.de/Definition/cp-commercial-paper.html?referenceKeywordName=Commercial+Paper,
Abruf jeweils am 08.03.2012,
http://wirtschaftslexikon.gabler.de/Definition/leverage-effekt.html
Abruf am 11.03.2012

Gaumert, Uwe/Götz, Stefan/Ortgies, Jörg: Basel III – eine kritische Würdigung, in: Die Bank, Zeitschrift für Bankpolitik und Praxis, 111. Jahrgang, 2011, Ausgabe 5, online unter: http://www.die-bank.de/betriebswirtschaft/basel-iii-2013-eine-kritische-wurdigung

GLS Bank: http://www.gls.de/die-gls-bank/aktuelles/detail/datum/2011/12/05/gls-bank-fuehrt-dividende-ein.html, Abruf am 08.03.2012

Hannemann, Ralf/Schneider, Andreas: Mindestanforderungen an das Risikomanagement (MaRisk), 3. überarbeitete und erweiterte Auflage, Stuttgart 2011

Hartmann-Wendels, Thomas: Reform der Bankenaufsicht und Auswirkungen auf die Kreditvergabe der Banken, Sparkassen und genossenschaftlichen Kreditinstitute, in: Auswirkungen der Reformen der Bankenaufsicht berücksichtigen! Kreditvergabe der Banken, Sparkassen und genossenschaftlichen Kreditinstitute, Die Familienunternehmer – ASU e.V., Köln 2011, online unter: http://www.familienunternehmer.eu/uploads/tx_wfmedienpr/gutachten_basel_III.pdf

Heider, Thomas: Basel II, Banken, Unternehmensfinanzierung und die Schlussfolgerungen aus der Finanzkrise für „Basel III" – mit Beispielanalyse der Mineralölindustrie –, Göttingen, 2010

Heidorn, Thomas/Schmaltz, Christian/Schröter, Dirk: Auswirkungen der neuen Basel-III-Kennzahlen auf die Liquiditätssteuerung: Liquidity Coverage Ratio, in: Zeitschrift für das gesamte Kreditwesen, 64. Jahrgang, 2011, Heft 8

Heidorn, Thomas/Schmaltz, Christian/Schröter, Dirk: Auswirkungen der neuen Basel-III-Kennzahlen auf die Liquiditätssteuerung: Net Stable Funding Ratio, in: Zeitschrift für das gesamte Kreditwesen, 64. Jahrgang, 2011, Heft 8, online unter: http://www.vereon.ch/upload/whitepaper/heidorn_schmaltz_net_stable_funding_ratio_1118.pdf

Hennecke, Jan/Trück, Stefan: Auswirkungen der neuen Basler Eigenkapitalvereinbarung auf die Finanzierung von KMU, in: Vierteljahrshefte zur Wirtschaftsforschung, Deutsches Institut für Wirtschaftsforschung Berlin, Berlin 2005, Nr. 74, online unter: http://ejournals.duncker-humblot.de/doi/pdf/10.3790/vjh.74.4.112

Hoffelner, Matthias: Kreditklemme im Mittelstand: Ist Basel II dafür verantwortlich?, in: Betriebswirtschaft im Blickpunkt, o.J., 2011, Ausgabe 1, online unter: http://www.iww.de/index.cfm?pid=1314&pk=141485&spid=1296&spk=10&sfk=23

Iversen, Ernst-Johannes/Schillings, Robert: Stresstests im Liquiditätsrisikomanagement – Teil 1: Liquidität und Liquiditätsrisiko, in: Banken-Times Spezial: Banksteuerung / Treasury Management, Finanz Colloquium Heidelberg, Heidelberg 2010, online unter: http://www.trisolutions.de/downloads/fachartikel/BTspezial_Banksteuerung_08-2010.pdf

KfW: http://www.kfw.de/kfw/Applications/PrintContent.jsp?oid=39315, Abruf am 08.03.2012

Kreische, Kai: Anforderungen an das Management, die Identifizierung, Messung und Steuerung des operationellen Risikos nach Basel II, in: Praktiker-Handbuch Basel II, Becker, Axel/Gaulke, Markus/Wolf, Martin, Köln 2005

Langenbahn, Claus-Michael: Kreditverhandlungen, Kreditvergabe, Rating – Teil 2: Baseler EK-Vereinbarungen und ihre Auswirkungen auf die Kreditkonditionen, Fachhochschule Koblenz, RheinAhrCampus, Koblenz 2011

Lembke, Michaela: Bilanzpolitik im Einzelabschluss nach HGB und IAS/IFRS im Vergleich, Bremen/Hamburg 2007, S. 12, online unter: http://books.google.de/books?id=HlTqAW39Q_8C&pg=PA12&lpg=PA12&dq=ifrs+tendenziell+mehr+eigenkapital&source=bl&ots=M3Beqop_Wj&sig=ILG4TanZSRWqukQ5moq6kPs2x4M&hl=de&sa=X&ei=NF1CT_agDMHtsgbwteXABg&ved=0CDYQ6AEwAg#v=onepage&q=ifrs%20tendenziell%20mehr%20eigenkapital&f=false

Mussler, Hanno: Commerzbank feilt an der Kapitalstruktur, in: Frankfurter Allgemeine Zeitung, 13.01.2011, online unter: http://www.faz.net/aktuell/wirtschaft/unternehmen/ staatsbank-commerzbank-feilt-an-der-kapitalstruktur-1577227.html

Müller, Stefan/Brackschulze, Kai/Mayer-Friedrich, Matija Denise: Finanzierung mittelständischer Unternehmen nach Basel III, Selbstrating, Risikocontrolling und Finanzierungsalternativen, 2. Auflage, München 2011

Neubacher, Bernd: Basel überdenkt Sonderstatus von Staatsanleihen, in: Börsen-Zeitung, 07.12.2011

Neubacher, Bernd: Europas Banken haben das Nachsehen, in: Börsen-Zeitung, 07.01.2012

OECD: http://www.oecd.org/pages/0,3417,en_36734052_36761800_1_1_1_1_1,00.html, Abruf am 07.03.2012

o.V.: Aareal Bank wettert gegen Leverage Ratio, in: Börsen-Zeitung, 31.05.2011

o.V.: Aktuelles Lexikon, Schattenbanken, in: Süddeutsche Zeitung, 27.01.2012

o.V.: Attraktivität von Coco-Bonds fraglich, in: Börsen-Zeitung, 14.12.2011

o.V.: Bafin: Schattenbanken bald regeln, in: Frankfurter Allgemeine Zeitung, 04.02.2012

o.V.: Bankenverband fordert Aufschub von Regulierungen, in: Frankfurter Allgemeine Zeitung, 15.09.2011

o.V.: Bankenverbände weiter uneins bei Basel III, in: Börsen-Zeitung, 26.01.2012

o.V.: Basel III wirkt bereits, in: Financial Times Deutschland, 12.09.2010, online unter: http://www.ftd.de/unternehmen/finanzdienstleister/:deutsche-bank-basel-iii-wirkt-bereits/50168641.html

o.V.: Basel's Sovereign-Debt Bubble, in: The Wall Street Journal Europe, 07.12.2011

o.V.: Bayerns Kreditverbände laufen Sturm gegen Basel III, in: Börsen-Zeitung, 15.09.2011

o.V.: Commerzbank sammelt frisches Kernkapital ein, in: Financial Times Deutschland, 13.01.2011, online unter: http://www.ftd.de/unternehmen/finanzdienstleister/:folge-von-basel-iii-commerzbank-sammelt-frisches-kernkapital-ein/50214363.html

o.V.: „Der Kampf um Einlagen ist bereits voll im Gange", in: Börsen-Zeitung, 15.11.2011

o.V.: Deutsche Bank nimmt 10,2 Milliarden Euro ein, in: Focus Money online, 20.09.2010, online unter: http://www.focus.de/finanzen/finanz-news/kapitalerhoehung-deutsche-bank-nimmt-10-2-milliarden-euro-ein_aid_554002.html

o.V.: Ethische GLS Bank will künftig Dividenden ausschütten, in: Handelsblatt, 05.12.2011, S. 34

o.V.: Fed unterstützt Basel III gegen Lobby, in: Börsen-Zeitung, 20.12.2011

o.V.: Genossen erteilen Basel III eine Abfuhr, in: Börsen-Zeitung, 27.08.2011

o.V.: Informationen und Meinungen, in: Der Bankenverband informiert, Bundesverband Deutscher Banken, o.J., 2011, Nr. 6, S. 130 f., online unter: https://info-online.bdb.de/EDV/IONL.nsf/0273fd91502a9f30c12569c40056d096/421fa9d45d36aae0c12578620044e588/$FILE/BdB_Info_06_2011.pdf o.V.: „Keine Kreditklemme“, Volks- und Raiffeisenbanken mit Zuwächsen, in Handelsblatt, 15.02.2012

o.V.: Neue BaFin-Chefin nimmt Schattenbanken ins Visier, in: Die Welt, 25.01.2012

o.V.: One Basel leads to another, in: The Economist, 18.05.2006, online unter http://www.economist.com/node/6908488/print?story_id=6908488

o.V.: Träger machen Helaba fit für Basel III, in: Börsen-Zeitung, 02.11.2011

o.V.: Vorwort zu den §§ 10 bis 12, in: Kreditwesengesetz, Kommentar, Reischauer, Friedrich/Kleinhans, Joachim, Berlin, 2011

Paul, Stephan: Aus der Banken- und Finanzgeschichte, Bankenregulierung stärker prinzipienorientiert ausgestalten, in: Börsen-Zeitung, 01.06.2011

PricewaterhouseCoopers: http://www.pwc.de/de/finanzdienstleistungen/basel-iii-fakten-und-folgen-der-neuregulierung.jhtml, Abruf am 08.03.2012

PricewaterhouseCoopers: Mindestanforderungen an das Risikomanagement, Financial Services – Newsletter, Nr. 13, Frankfurt 2007, online unter: http://www.pwc.de/de_de/de/newsletter/finanzdienstleistung/assets/fs_pwc_marisk_newsletter_nr_13.pdf

Proissl, Wolfgang/Harnischfeger, Uta: Topaufseher rüttelt an Tabu, in: Financial Times Deutschland, 10.11.2011

Roebke, Julia: Förderbanken fürchten Basel III, in: Börsen-Zeitung, 02.02.2012

Rudolph, Bernd: CRD IV: die Umsetzung von Basel III in der EU, Vergebliche Regulierungsmüh?, in: Betriebs Berater, Zeitschrift für Recht, Steuern und Wirtschaft, 66. Jahrgang, 2011, Ausgabe 38

Schmitt, Christoph: Umsetzung von Basel III in europäisches Recht – Implikationen für die Mittelstandsfinanzierung (Update zu BB 2011, 105), in: Betriebs Berater, Zeitschrift für Recht, Steuern und Wirtschaft, 66. Jahrgang, 2011, Ausgabe 38

Schulte-Mattler, Hermann/Manns, Thorsten: CRD-IV-Regulierungspaket zur Stärkung der Widerstandsfähigkeit des Bankensektors – Europäische Umsetzung des Basel-III-Rahmenwerkes im Entwurf –, in: Wertpapiermitteilungen, Zeitschrift für Wirtschafts- und Bankrecht, 65. Jahrgang, 2011, Ausgabe 44

Standard & Poor's: http://www.standardandpoors.com/aboutcreditratings/, Abruf am 03.03.2012

The Technical Committee of the International Organization of Securities Commissions: Code of Conduct Fundamentals for Credit Rating Agencies, überarbeitete Fassung, o.O. 2008, online unter: http://www.iosco.org/library/pubdocs/pdf/IOSCOPD271.pdf

The Wall Street Journal: http://online.wsj.com/public/resources/documents/info-flash07.html?project=normaSubprime0712&h=530&w=980&hasAd=1&settings=normaSubprime0712, Abruf am 03.03.2012

Thelen-Pischke, Hiltrud/Eibl, Martin: Solvency II und Basel III – ihre Wirkung auf die Refinanzierung von Banken, in: Zeitschrift für das gesamte Kreditwesen, 64. Jahrgang, 2011, Heft 14

Tolckmitt, Jens: Bei der Regulierung gibt es noch einiges zu tun, in: Börsen-Zeitung: 02.07.2011, online unter: http://www.boersen-zeitung.de/index.php?li=1&artid=2011125326

Wadewitz, Sabine: Im Interview: Manuel Nodoushani, Nach wie vor Unsicherheit bei stillen Einlagen, in: Börsen-Zeitung, 03.08.2011

Wolf, Birgit: Die Eigenmittelkonzeption des § 10 KWG, Hochschule für Bankwirtschaft, Frankfurt 2000, online unter: www.frankfurt-school.de/dms/Arbeitsberichte/Arbeits20.pdf

Wolf, Martin: Basel II – ein Überblick, in: Praktiker-Handbuch Basel II, Becker, Axel/Gaulke, Markus/Wolf, Martin, Köln 2005

Zeitler, Franz-Christoph: Die „final rules" – was bedeutet Basel III für die deutschen Kreditinstitute?, Rede auf der DSGV-Vorständetagung „Märkte und Strategien" Panel II: Der regulatorische Rahmen, Berlin 27.01.2011, online unter: http://www.bundesbank.de/download/presse/reden/2011/20110127.zeitler.pdf

Zentraler Kreditausschuss: Stellungnahme des Zentralen Kreditausschusses zum Konsultationspapier des Basler Ausschusses „International Framework for liquidity risk measurement, standards and monitoring", o.O. 2010, online unter: http://www.zka-online.de/uploads/media/ZKA-Stellungnahme_zu_BCBS_165_-_final.pdf

Zentraler Kreditausschuss: Stellungnahme des Zentralen Kreditausschusses zum Konsultationspapier des Basler Ausschusses „Strengthening the Resilience of the Banking Sector", o.O. 2010, online unter: http://www.die-deutsche-kreditwirtschaft.de/uploads/media/ZKA-Stellungnahme_zu_BCBS_164_-final.pdf

Anhang

Anlage 1: Ratingskala von Fitch, Moody's und Standard and Poors (S&P)

Anlage 2: Historische Entwicklung der Eigenkapitalkomponenten des KWG

Anlage 3: Kriterienkatalog hartes Kernkapital nach Basel III

Anlage 4: Kriterienkatalog zusätzliches Kernkapital nach Basel III

Anlage 5: Kriterienkatalog Ergänzungskapital nach Basel III

Anlage 6: Empfohlenes Berechnungsschema bilanzielle Eigenkapitalquote

Anlage 7: Fitch Rating Skala mit Ausfallwahrscheinlichkeiten

Anlage 1: Ratingskala von Fitch, Moody's und Standard and Poors (S&P)

Kategorie	Fitch	Moody's	S&P
Prime	AAA	Aaa	AAA
High Grade	AA+ AA AA-	Aa1 Aa2 Aa3	AA+ AA AA-
Upper-medium Grade	A+ A A-	A1 A2 A3	A+ A A-
Lower-medium Grade	BBB+ BBB BBB-	Baa1 Baa2 Baa3	BBB+ BBB BBB-
Low-grade Speculative	BB+ BB BB-	Ba1 Ba2 Ba3	BB+ BB BB-
Highly Speculative	B+ B B-	B1 B2 B3	B+ B B-
Substantial Risk	CCC+ CCC	Caa[1]	CCC+ CCC
Extremely Speculative	CCC- CC C	Ca C	CCC- CC C
Default	D	D	D

Quelle: Boos/Fischer/Schulte-Mattler: Kreditwesengesetz, Kommentar, 2008, S. 1594

Anlage 2: Historische Entwicklung der Eigenkapitalkomponenten des KWG

Bestandteile	Berücksichtigung seit:
Kernkapital	
- Eingezahltes Kapital	KWG 1962
- Rücklagen	KWG 1962
- Sonderposten für allgemeine Bankrisiken (§ 340 g HGB)	4. KWG-Novelle 1993
- Einlagen stiller Gesellschafter	KWG 1962 (mehrfach modifiziert)
Abzugsposten	
- Bilanzverlust	KWG 1962
- Immaterielle Vermögensgegenstände	4. KWG-Novelle 1993
- Korrekturposten gem. § 10 Abs. 3b KWG	6. KWG-Novelle 1998
- Kredite an wesentliche Beteiligte	3. KWG-Novelle 1985
Ergänzungskapital	
- Vorsorgereserven (§ 340 f HGB)	4. KWG-Novelle 1993
- Kumulative Vorzugsaktien	4. KWG-Novelle 1993
- Genußrechtsverbindlichkeiten	3. KWG-Novelle 1985 (mehrfach modifiziert)
- Längerfristige nachrangige Verbindlichkeiten	4. KWG-Novelle 1993
- Neubewertungsreserven auf Grundstücke und Gebäude	4. KWG-Novelle 1993
- Neubewertungsreserven auf Wertpapiere des Anlagebuchs	4. KWG-Novelle 1993
- Haftsummenzuschlag	KWG 1962 (mehrfach modifiziert)
Abzugsposten	
- Korrekturposten gem. §10 Abs. 3b KWG	6. KWG-Novelle 1998

Bestandteile	Berücksichtigung seit:
Abzugsposten von der Summe aus Kern- und Ergänzungskapital für nicht konsolidierte Beteiligungen	4. KWG-Novelle 1993
Drittrangmittel	
- Nettogewinne aus fiktiver Glattstellung des Handelsbuchs	6. KWG- Novelle 1998

Quelle: Wolf: Die Eigenmittelkonzeption des § 10 KWG, Hochschule für Bankwirtschaft, 2000, S. 6 f., online unter: www.frankfurt-school.de/dms/Arbeitsberichte/Arbeits20.pdf

Anlage 3: Kriterienkatalog hartes Kernkapital nach Basel III

1.	Bildet im Liquidationsfall die Forderung im letzten Rang.
2.	Verkörpert einen Anspruch auf das Restvermögen entsprechend ihrem Anteil am ausgegebenen Kapital, nachdem im Rahmen der Liquidation sämtliche vorrangigen Forderungen getilgt worden sind (d.h. der Anspruch ist unbegrenzt und variabel, weder feststehend noch in der Höhe begrenzt).
3.	Der Kapitalbetrag ist unkündbar und wird ausser im Fall der Liquidation nie zurückbezahlt (abgesehen von diskretionären Rückkäufen oder anderen, nach geltenden Gesetzen zulässigen Arten, das Kapital auf diskretionäre Weise effektiv zu reduzieren).
4.	Die Bank unternimmt nichts, um zum Zeitpunkt der Ausgabe die Erwartung zu wecken, dass das Instrument zurückgekauft, getilgt oder gelöscht wird; es bestehen auch keine statutarischen oder vertraglichen Bestimmungen, die eine solche Erwartung entstehen lassen könnten.
5.	Ausschüttungen werden aus ausschüttungsfähigen Positionen (einschl. einbehaltener Gewinne) vorgenommen. Die Höhe der Ausschüttungen ist keiner Weise an den zum Zeitpunkt der Ausgabe bezahlten Betrag gebunden und unterliegt keiner vertraglich festgelegten Obergrenze (ausser dass die Bank keine Ausschüttungen vornehmen kann, welche die ausschüttbaren Positionen übersteigen).
6.	Es sind keine Umstände vorgesehen, unter denen Ausschüttungen zwingend sind. Eine Nichtzahlung stellt deshalb kein Ausfallereignis dar.
7.	Ausschüttungen werden nur nach Erfüllung sämtlicher gesetzlicher und vertraglicher Verpflichtungen und nach Bedienung höherrangiger Kapitalinstrumente vorgenommen. Das bedeutet, dass es keine Vorzugsausschüttung gibt; dies gilt auch für andere Kapitalbestandteile, die als qualitativ höchststehendes Kapital klassifiziert werden.
8.	Das begebene Kapital trägt den ersten und im Verhältnis höchsten Anteil jeder Art von Verlusten bei deren Entstehen. Innerhalb des qualitativ höchststehenden Eigenkapitals trägt jedes Instrument die Verluste nach dem Prinzip der Fortführung des Geschäftsbetriebs proportional und gleichrangig mit sämtlichen anderen Instrumenten.
9.	Der eingezahlte Betrag wird bei der Feststellung einer Bilanzinsolvenz als Grundkapital (d.h. nicht als Verbindlichkeit) gewertet
10.	Der eingezahlte Betrag wird nach den einschlägigen Rechnungslegungsvorschriften als Eigenkapital klassifiziert
11.	Die Aktie wird direkt ausgegeben und eingezahlt, und die Bank hat keine Möglichkeit, den Erwerb des Instruments mittelbar oder unmittelbar zu finanzieren.
12.	Der eingezahlte Betrag ist weder besichert noch durch eine Garantie des Emittenten oder einer mit diesem verbundenen Gesellschaft[14] gedeckt, und es bestehen keine sonstigen Bestimmungen, welche den Rang der Forderung in rechtlicher oder wirtschaftlicher Hinsicht erhöhen.
13.	Die Aktie wird nur mit Zustimmung der Eigentümer der ausgebenden Bank ausgegeben – entweder direkt durch die Eigentümer oder, wenn nach geltenden Gesetzen möglich, durch die Geschäftsleitung der Bank oder durch andere, von den Eigentümern dazu ermächtigte Personen.
14.	Die Stammaktien werden in der Bilanz der Bank eindeutig und separat ausgewiesen.

Quelle: Basler Ausschuss für Bankenaufsicht, a.a.O., 2011, S. 15 f.

Anlage 4: Kriterienkatalog zusätzliches Kernkapital nach Basel III

1. Ausgegeben und eingezahlt

2. Nachrangigkeit gegenüber Einlegern, nicht bevorrechtigten Gläubigern und nachrangigen Schuldinstrumenten der Bank

3. Weder besichert noch durch eine Garantie des Emittenten oder einer mit diesem verbundenen Gesellschaft gedeckt, und es bestehen keine sonstigen Bestimmungen, welche gegenüber Gläubigern der Bank den Rang der Forderung in rechtlicher oder wirtschaftlicher Hinsicht erhöhen

4. Zeitlich unbegrenzt, d.h. es gibt keinen Fälligkeitstermin, und es bestehen keine Zinserhöhungsklauseln oder andere Tilgungsanreize

5. Kündbar auf Initiative des Emittenten erst nach mindestens fünf Jahren:
   a. Zur Ausübung einer Kündigungsoption benötigt die Bank vorab die Genehmigung der Aufsichtsbehörde
   b. Die Bank darf nichts unternehmen, was die Erwartung weckt, dass die Kündigungsoption ausgeübt wird
   c. Die Bank darf eine Kündigungsoption nur ausüben, wenn:
      i. das gekündigte Instrument mit Kapital der gleichen oder höheren Qualität ersetzt wird und der Ersatz dieses Kapitals unter Bedingungen erfolgt, die im Hinblick auf die Ertragsfähigkeit der Bank nachhaltig sind, oder
      ii. die Bank nachweist, dass ihre Eigenkapitalposition nach Ausübung der Kündigungsoption deutlich über den Mindestkapitalanforderungen liegt

6. Jegliche Rückzahlung von Kapitalbeträgen (z.B. in Form von Rückkäufen oder Tilgung) muss vorab durch die Aufsichtsinstanz genehmigt werden, und die Banken sollten nicht davon ausgehen bzw. Erwartungen am Markt wecken, dass diese Genehmigung auch erteilt wird.

7. Ermessensspielraum bei Dividenden/Kupons:
   a. Es muss jederzeit im vollen Ermessen der Bank stehen, Ausschüttungen bzw. Zahlungen zu annullieren
   b. Die Annullierung diskretionärer Zahlungen darf kein Ausfallereignis darstellen
   c. Die Banken müssen uneingeschränkt auf die annullierten Zahlungen zugreifen können, um fälligen Verpflichtungen nachzukommen
   d. Durch die Annullierung von Ausschüttungen bzw. Zahlungen dürfen für die Bank keine Einschränkungen entstehen, ausgenommen hinsichtlich der Ausschüttung an die Stammaktionäre

8. Dividenden/Kupons sind aus den ausschüttungsfähigen Positionen zu zahlen

9. Das Instrument darf kein Dividendenmerkmal aufweisen, das mit der Bonität verknüpft ist, d.h. das darin besteht, dass Dividenden/Kupons in regelmässigen Abständen ganz oder teilweise an die Bonitätseinstufung der Bank angepasst werden

10. Sieht das Insolvenzrecht eines Landes einen Bilanztest vor, bei dem geprüft wird, ob die Verbindlichkeiten grösser als die Vermögenswerte sind, darf das Instrument nicht als Verbindlichkeit berücksichtigt werden

11.	Instrumente, die für Zwecke der Rechnungslegung als Verbindlichkeit klassifiziert werden, müssen Verluste auffangen können, entweder durch i) Umwandlung in Stammaktien bei einem objektiven, im Voraus festgelegten Auslösewert oder durch ii) einen Wertberichtigungsmechanismus, der dem Instrument bei Erreichen eines im Voraus festgelegten Auslösewerts Verluste zuteilt. Die Wertberichtigung hat folgende Wirkungen: a. Sie reduziert die Forderung des Instruments im Liquidationsfall b. Sie reduziert den Rückzahlungsbetrag, wenn eine Kündigungsoption ausgeübt wird c. Sie reduziert ganz oder teilweise die Kupon- bzw. Dividendenzahlungen des Instruments
12.	Weder die Bank noch eine nahestehende Partei, über welche die Bank Kontrolle ausübt oder auf welche sie wesentlichen Einfluss hat, dürfen das Instrument erworben haben; ferner darf die Bank weder direkt noch indirekt den Erwerb des Instruments finanziert haben
13.	Das Instrument darf keine Merkmale aufweisen, welche eine Rekapitalisierung beeinträchtigen, wie z.B. Bestimmungen, nach denen der Emittent die Anleger zu entschädigen hat, wenn ein neues Instrument während eines bestimmten Zeitraums zu einem niedrigeren Preis ausgegeben wird
14.	Wird das Instrument nicht von einer Geschäftseinheit oder der Holdinggesellschaft der konsolidierten Gruppe (z.B. einer Zweckgesellschaft – „SPV“) begeben, muss der Erlös der Geschäftseinheit oder der Holdinggesellschaft der konsolidierten Gruppe unmittelbar und uneingeschränkt zur Verfügung stehen, wobei sämtliche übrigen Kriterien für die Einbeziehung in das zusätzliche Kernkapital erfüllt bzw. übertroffen werden müssen

Quelle: Basler Ausschuss für Bankenaufsicht, a.a.O., 2011, S. 17 f.

Anlage 5: Kriterienkatalog Ergänzungskapital nach Basel III

Kriterien für die Anrechnung an das Ergänzungskapital	
1.	Ausgegeben und eingezahlt
2.	Nachrangig im Verhältnis zu Einlagen und nicht bevorrechtigten Gläubigern der Bank
3.	Weder besichert noch durch eine Garantie des Emittenten oder einer mit diesem verbundenen Gesellschaft gedeckt, und es bestehen keine sonstigen Bestimmungen, welche gegenüber Einlegern und nicht bevorrechtigten Gläubigern der Bank den Rang der Forderung in rechtlicher oder wirtschaftlicher Hinsicht erhöhen
4.	Laufzeit: a. Anfangslaufzeit von mindestens fünf Jahren b. Für die Anerkennung als regulatorisches Eigenkapital ist das Instrument in den letzten fünf Jahren der Laufzeit linear zu amortisieren c. Es bestehen keine Zinserhöhungsklauseln oder andere Tilgungsanreize
5.	Kündbar auf Initiative des Emittenten erst nach mindestens fünf Jahren: a. Zur Ausübung einer Kündigungsoption benötigt die Bank vorab die Genehmigung der Aufsichtsbehörde b. Die Bank darf nichts unternehmen, was die Erwartung weckt, dass die Kündigungsoption ausgeübt wird c. Die Bank darf eine Kündigungsoption nur ausüben, wenn: i. das gekündigte Instrument mit Kapital der gleichen oder höheren Qualität ersetzt wird und der Ersatz dieses Kapitals unter Bedingungen erfolgt, die im Hinblick auf die Ertragsfähigkeit der Bank nachhaltig sind,[20] oder ii. die Bank nachweist, dass ihre Eigenkapitalposition nach Ausübung der Kündigungsoption deutlich über den Mindestkapitalanforderungen liegt[21]
6.	Der Anleger darf – ausser im Falle der Insolvenz oder der Liquidation – nicht das Recht haben, eine beschleunigte Leistung von Zahlungen (Kupon oder Kapitalbetrag des Instruments) zu verlangen, die für einen späteren Zeitpunkt geplant sind
7.	Das Instrument darf kein Dividendenmerkmal aufweisen, das mit der Bonität verknüpft ist, d.h. das darin besteht, dass Dividenden/Kupons in regelmässigen Abständen ganz oder teilweise an die Bonitätseinstufung der Bank angepasst werden
8.	Weder die Bank selbst noch eine mit ihr verbundene Partei, die von der Bank kontrolliert wird oder auf die sie wesentlichen Einfluss ausübt, dürfen das Instrument erworben haben; ferner darf die Bank weder direkt noch indirekt den Erwerb des Instruments finanziert haben
9.	Wird das Instrument nicht von einer Geschäftseinheit oder der Holdinggesellschaft der konsolidierten Gruppe (z.B. einer Zweckgesellschaft – „SPV") begeben, muss der Erlös der Geschäftseinheit oder der Holdinggesellschaft der konsolidierten Gruppe unmittelbar und uneingeschränkt zur Verfügung stehen, wobei sämtliche übrigen Kriterien für die Einbeziehung in das Ergänzungskapital erfüllt bzw. übertroffen werden müssen

Quelle: Basler Ausschuss für Bankenaufsicht, a.a.O., 2011, S. 20

Anlage 6: Empfohlenes Berechnungsschema bilanzielle Eigenkapitalquote

I Referenzwert gemäß § 24 Abs. 1a Nr. 5 KWG auf Basis des letzten festgestellten Jahresabschlusses unter Verwendung des Formblatts 1 nach RechKredV	II Modifizierte bilanzielle Eigenkapitalquote gem. § 24 Abs. 1 Nr. 16 KWG auf Basis der monatlichen Bilanzstatistik unter Verwendung des Meldeformulars HV 21 *)	III Veränderungsrate der modifizierten bilanziellen Eigenkapitalquote
Eigenkapital (Passiva Position 12) = A	**Bilanzielles Eigenkapital (HV 21 Pos. Nr. 310) = E**	**Niveauveränderung der modifizierten bilanziellen Eigenkapitalquote V = (H/D-1)*100**
Bilanzsumme **Summe Passiva = B**	Bilanzsumme HV21 Pos.Nr. 330 abzgl. Wertberichtigungen (HV 21 Pos. Nr. 250) abzgl. Stille Vorsorgereserven gem. § 340f HGB (Teil von HV 21 Pos. Nr. 326)	Meldepflicht bei V <= - 5 % oder V >= 5 %
Außerbilanzielle Verpflichtungen:	**= "bereinigte" Bilanzsumme = F**	
Eventualverbindlichkeiten aus weitergegebenen abgerechneten Wechseln Passivseite unterhalb Bilanzstrich 1. a) Verbindlichkeiten aus Bürgschaften und Gewährleistungsverträgen Passivseite unterhalb Bilanzstrich 1. b) Haftung aus der Bestellung von Sicherheiten für fremde Verbindlichkeiten Passivseite unterhalb Bilanzstrich 1. c) Rücknahmeverpflichtungen aus unechten Pensionsgeschäften Passivseite unterhalb Bilanzstrich 2. a) Platzierungs- und Übernahmeverpflichtungen Passivseite unterhalb Bilanzstrich 2. b) Unwiderrufliche Kreditzusagen Passivseite unterhalb Bilanzstrich 2. c)	Eventualverbindlichkeiten HV21 Pos. Nr. 340 zzgl. Aus dem Wechselbestand vor Verfall zum Einzug versandte Wechsel HV21 Pos. Nr. 350 zzgl. Rücknahmeverpflichtungen aus unechten Pensionsgeschäften HV21 Pos. Nr. 370 zzgl. Platzierungs- und Übernahmeverpflichtungen HV21 Pos. Nr. 380 zzgl. Unwiderrufliche Kreditzusagen HV21 Pos. Nr. 390	*) Alle Angaben beziehen sich auf die Gliederungsordnung der Bista. Bei Verwendung von Monatsausweisen sind die Ausweisposten analog zu verwenden.
Außerbilanzielle Verpflichtungen Summe 1a) bis 2c) = C	**= Außerbilanzielle Verpflichtungen = G**	
modifizierte bilanzielle Eigenkapitalquote D=A/(B+C)*100	**modifizierte bilanzielle Eigenkapitalquote H=E/(F+G)*100**	

<u>Berechnung auf der Basis von Konzernangaben:</u>
Die Berechnung der modifizierten bilanziellen Eigenkapitalquote anhand des IFRS-Konzernjahresabschlusses bzw. deren Niveauveränderung anhand des Zwischenabschlusses hat - soweit individuell identifizierbar - unter Verwendung korrespondierender Positionen zu erfolgen.

Quelle: BaFin: http://www.bafin.de/cln_228/SharedDocs/Downloads/DE/Service/Auslegungsentscheidung/ae__100625__leverage__ratio__berechnungsschema,templateId=raw,property=publicationFile.pdf/ae_100625_leverage_ratio_berechnungsschema.pdf, Abruf am 01.03.2012

Anlage 7: Fitch Rating Skala mit Ausfallwahrscheinlichkeiten

Rating	PD
AAA	0,061%
AA+	0,094%
AA	0,125%
AA-	0,137%
A+	0,174%
A	0,304%
A-	0,343%
BBB+	0,603%
BBB	0,978%
BBB-	1,482%
BB+	3,750%
BB	5,000%
BB-	7,500%
B+	9,111%
B	9,432%
B-	12,745%
CCC+	27,280%
CCC	29,945%
CCC-	31,827%
CC	37,738%

Quelle: Eigene Darstellung in Anlehnung an The Wall Street Journal: http://online.wsj.com/public/resources/documents/info-flash07.html?project=normaSubprime0712&h=530&w=980&hasAd=1&settings=normaSubprime0712

Der Autor:

Philipp Lessenich wurde 1984 in Bonn geboren. Nachdem er ein duales Studium bei der Deutschen Bundesbank mit dem Titel des Diplom-Betriebswirts (FH) abgeschlossen hatte, entschied sich der Autor für eine Karriere als Bankenaufseher bei der Bundesanstalt für Finanzdienstleistungsaufsicht (BaFin). In seiner mehrjährigen und nach wie vor andauernden Tätigkeit beaufsichtigte er eine Vielzahl unterschiedlicher Banken und beschäftigte sich dadurch mit einem breiten Spektrum an Fragestellungen aus dem Bereich der Bankenaufsicht. Um seine fachlichen Qualifikationen weiter auszubauen, absolvierte der Autor zudem ein weiteres Studium, welches er mit dem Master of Business Administration (MBA) und mit Auszeichnung abschloss.